厚大法考

2025年国家法律职业资格考试

黄金考点·迷你案例·思维推演

商 法

考点清单

主观题

鄢梦萱 编著 | 厚大出品

中国政法大学出版社

胜利属于最坚忍的人

《《《 厚大在线 》》》

硬核干货
八大学科学习方法、新旧大纲对比及增删减总结、考前三页纸等你解锁。

定期直播
备考阶段计划、心理疏导、答疑解惑，专业讲师与你相约"法考星期天"直播间。

免费课堂
图书各阶段配套名师课程的听课方式，课程更新时间获取，法考必备通关神器。

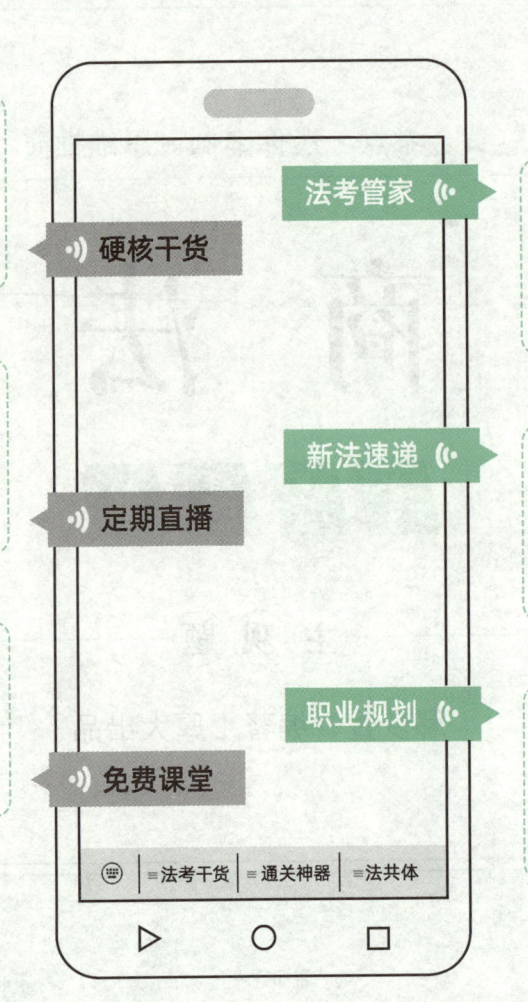

法考管家
法考公告发布、大纲出台、主客观报名时间、准考证打印等，法考大事及时提醒。

新法速递
新修法律法规、司法解释实时推送，最高院指导案例分享；牢牢把握法考命题热点。

职业规划
了解各地实习律师申请材料、流程，律师执业手册等，分享法律职业规划信息。

法考干货 | 通关神器 | 法共体

更多信息
关注厚大在线

HOUDA

代 总 序
GENERAL PREFACE

做法治之光
——致亲爱的考生朋友

如果问哪个群体会真正认真地学习法律，我想答案可能是备战法考的考生。

当厚大的老总力邀我们全力投入法考的培训事业，他最打动我们的一句话就是：这是一个远比象牙塔更大的舞台，我们可以向那些真正愿意去学习法律的同学普及法治的观念。

应试化的法律教育当然要帮助同学们以最便捷的方式通过法考，但它同时也可以承载法治信念的传承。

一直以来，人们习惯将应试化教育和大学教育对立开来，认为前者不登大雅之堂，充满填鸭与铜臭。然而，没有应试的导向，很少有人能够真正自律到系统地学习法律。在许多大学校园，田园牧歌式的自由放任也许能够培养出少数的精英，但不少学生却是在游戏、逃课、昏睡中浪费生命。人类所有的成就靠的其实都是艰辛的训练；法治建设所需的人才必须接受应试的锤炼。

应试化教育并不希望培养出类拔萃的精英，我们只希望为法治建设输送合格的人才，提升所有愿意学习法律的同学整体性的法律知识水平，培育真正的法治情怀。

厚大教育在全行业中率先推出了免费视频的教育模式，让优质的教育从此可以遍及每一个有网络的地方，经济问题不会再成为学生享受这些教育资源的壁垒。

最好的东西其实都是免费的，阳光、空气、无私的爱，越是弥足珍贵，越是免费的。我们希望厚大的免费课堂能够提供最优质的法律教育，一如阳光遍洒四方，带给每一位同学以法律的温暖。

没有哪一种职业资格考试像法考一样，科目之多、强度之大令人咂舌，这也是为什么通过法律职业资格考试是每一个法律人的梦想。

法考之路，并不好走。有沮丧、有压力、有疲倦，但愿你能坚持。

坚持就是胜利，法律职业资格考试如此，法治道路更是如此。

当你成为法官、检察官、律师或者其他法律工作者，你一定会面对更多的挑战、更多的压力，但是我们请你持守当初的梦想，永远不要放弃。

人生短暂，不过区区三万多天。我们每天都在走向人生的终点，对于每个人而言，我们最宝贵的财富就是时间。

感谢所有参加法考的朋友，感谢你愿意用你宝贵的时间去助力中国的法治建设。

我们都在借来的时间中生活。无论你是基于何种目的参加法考，你都被一只无形的大手抛进了法治的熔炉，要成为中国法治建设的血液，要让这个国家在法治中走向复兴。

数以万计的法条，盈千累万的试题，反反复复的训练。我们相信，这种貌似枯燥机械的复习正是对你性格的锤炼，让你迎接法治使命中更大的挑战。

亲爱的朋友，愿你在考试的复习中能够加倍地细心。因为将来的法律生涯，需要你心思格外的缜密，你要在纷繁芜杂的证据中不断搜索，发现疑点，去制止冤案。

亲爱的朋友，愿你在考试的复习中懂得放弃。你不可能学会所有的知识，抓住大头即可。将来的法律生涯，同样需要你在坚持原则的前提下有所为、有所不为。

亲爱的朋友，愿你在考试的复习中沉着冷静。不要为难题乱了阵脚，实在不会，那就绕道而行。法律生涯，道阻且长，唯有怀抱从容淡定的心才能笑到最后。

法律职业资格考试不仅仅是一次考试，它更是你法律生涯的一次预表。

我们祝你顺利地通过考试。

不仅仅在考试中，也在今后的法治使命中——

不悲伤、不犹豫、不彷徨。

但求理解。

厚大®全体老师　谨识

序 言
PREFACE

自2018年法考元年以来，商法主观题和行政法主观题成了每年考生面临的"二选一"难题。商法选做题分值通常为28分或29分。同时，在民法主观题中，商法的影子也频频可见。例如，2019年民法试题中，涉及商法的题目就达到了3问。由此可见，随着商事活动的日益复杂，涉及商法的内容在法考试卷中分值颇高。

呈现在您面前的《考点清单》一书，是商法主观题备考的基础教材，着重于帮助考生在初期阶段夯实基础，为今后的案例分析打下坚实的根基。建议本书的使用时间至迟不晚于2025年的7月份。与本书配套的另两本主观阶段教材，一为《真题破译》，其通过对历年真题的深度分析，帮助你磨砺应试的剑锋；二为《采分有料》，其是临战前的冲刺宝典，助你在关键时刻突破重围，跃上新高。

备考之路，道阻且长，对于商法主观题，许多考生常有困惑。我在多年的案例教学经历中，积累了一些心得与体会。希望通过这些经验的传递，能够为您提供一些方法上的帮助，在商法的学习中坚定、从容，最终收获属于自己的成功与喜悦。

下面是我关于商法主观题备考的一些经验之谈，供各位考生朋友参考。

一 转变学习习惯，"多思少背"

面对浩瀚如烟的知识，在应对客观题考试时，许多同学因时间紧张而不得不依赖死记硬背。这种方式虽然能应急，但往往只是浅尝辄止，未能深入理解。尤其是对于一些重要的制度，时间的紧迫使我们无法深入琢磨，而是靠记忆与对比选项来作出判断。但是，客观题的考试只是法考的一部分，真正的挑战在于主观题。

主观题没有标准答案选项，也没有给出明确的框定范围，它要求我们独立思考，准确地"定性、处理"问题。尽管案情有时与客观题相似，但当它出现在主观题中时，我们往往会陷入迷茫，找不到切入点，甚至"猜"都无从下手，更谈不上"写"

出一个有力的答案。因此，我认为主观题的难点并不在于"知识点"，这些知识点我们在客观题阶段早已学过，甚至数量相对较少；其难点恰恰在于如何根据近年来司法实践的动态、指导案例传递的信息，以及学术讨论中高频出现的观点去切实解决纠纷。

在商法领域，许多纠纷是随着经济的飞速发展而出现的"灰色地带"，这些问题往往超出了现有法律的明确规范。因此，如何运用法理、基本原则和商事惯例进行分析，成为同学们需要突破的一个重要关卡。

总之，面对主观题的备考，我们应当多问几个"为什么"。通过深刻思考与分析，不仅能够加深对知识的理解，更能提升解决实际问题的能力，让我们的法律思维更加灵活、精准。

二 关注热点案例与典型案例

在备考过程中，留意热点案例与典型案例至关重要。例如，最高院发布的指导案例、法院公告中的裁判规则、最高院民二庭的会议纪要，乃至一些再审改判的案件，都是我们提升分析能力的重要素材。从这些案例入手，不仅能够加深对法律条文的理解，更能帮助我们掌握如何灵活运用法律原则去分析和解决实际问题的方法。热点案例往往紧贴司法实践，具备高度的现实性和实用性，细细研读，可以有效提升我们分析问题的深度和广度。

三 适当阅读权威专著与顶级学术期刊

阅读一些关于法律的专著，或是顶级学术期刊（如《法学研究》《中国法学》《政法论坛》《法律科学》等），对我们而言也是一种潜移默化的提升。期刊文章的时效性极强，在顶级期刊上发表的文章，基本代表了当前学科研究的最前沿水平。期刊中常常有不同学派之间的观点碰撞与交锋，某些被广泛争论的议题极有可能在考试中有所体现。通过这些阅读，我们不仅可以掌握当前学术界的热点问题，还能提升自己的思维高度和解决问题的能力。

然而，这一建议适合那些有充裕时间并且精力充沛的同学，对于备考时间紧张的同学，切勿过早将学术研究视作应对职业资格考试的主要路径。毕竟，学术与考试之间存在一定的鸿沟。我个人曾经担任法学期刊的专职编辑多年，深知学术研究与考试的差异。虽然深入的学术阅读从长远来看无疑有助于提升个人的能力和水平，但如果您目前正处于备考阶段，那么最重要的是掌握好基础知识，打牢"基本盘"，待通过考试后，再逐步拓展学术视野、提高学术水平。

四 边学边写，学练结合

在备考过程中，主观题的复习不仅仅是对知识的掌握，更是一场写作能力的提升。尽管夯实基础、稳扎稳打必不可少，但主观题的精髓在于"写作练习"。单纯地看书、听课并不足以应对考试，关键在于将学到的知识转化为一份合格的答案。为了提高写作能力，我建议同学们从现在开始就进行案例写作的训练。

初期，可以从单一场景的小案例练起，这不仅能帮助您掌握基本的写作框架，也能培养您在不同情境下运用法律知识的能力。随着写作水平的逐步提高，过渡到《真题破译》的阶段，着手历年真题的剖析与解读。在这一过程中，着重领会，精准把握案情，明确题目要求，合理组织答案结构。最后，进入《采分有料》的阶段，通过考前模拟与金句背诵，进一步提升您的综合分析能力与答题技巧。

最后再次强调，整个学习过程要做到"循序渐进，由易到难"，并坚持学与练的结合。通过不断的写作练习，不仅能加深对知识点的理解，还能锤炼出应试的思维方式，做到"以练促学"，使您的答题能力稳步提升。

愿本书能助考生朋友掌握商法主观题核心要义，行稳致远，终得成功。
厚大法考定会助您 2025 圆梦！

商经法鄢梦萱
扫一扫微博，关注萱姑

听萱姑讲商经　稳稳当当过法考

鄢梦萱
2025 年 4 月

缩略语对照表 ABBREVIATION

九民纪要	全国法院民商事审判工作会议纪要
公司法解释（二）	最高人民法院关于适用《中华人民共和国公司法》若干问题的规定（二）
公司法解释（三）	最高人民法院关于适用《中华人民共和国公司法》若干问题的规定（三）
公司法解释（四）	最高人民法院关于适用《中华人民共和国公司法》若干问题的规定（四）
公司法解释（五）	最高人民法院关于适用《中华人民共和国公司法》若干问题的规定（五）
担保制度解释	最高人民法院关于适用《中华人民共和国民法典》有关担保制度的解释
破产法解释（二）	最高人民法院关于适用《中华人民共和国企业破产法》若干问题的规定（二）
破产法解释（三）	最高人民法院关于适用《中华人民共和国企业破产法》若干问题的规定（三）
破产审判纪要	全国法院破产审判工作会议纪要
票据规定	最高人民法院关于审理票据纠纷案件若干问题的规定

目录 CONTENTS

第1讲 公司法 ... 001

专题1 ▶ 公司法总则 / 004

一 公司的特征、分类，股东有限责任原则，公司法人人格否认 / 004
- 考点1　公司的特征 / 004
- 考点2　分公司和子公司 / 005
- 考点3　股东有限责任原则 / 006
- 考点4　公司法人人格否认★★★ / 006

二 公司决议效力纠纷★★★ / 010
- 考点5　决议不成立 / 010
- 考点6　有效决议、无效决议 / 011
- 考点7　可撤销决议 / 011
- 考点8　公司决议和公司相对人的关系 / 012

专题2 ▶ 公司的设立 / 013

一 设立条件 / 013
- 考点9　注册资本★★ / 013
- 考点10　公司章程★★ / 013

二 公司的设立责任★★ / 015
- 考点11　发起人的合同责任、侵权责任 / 015

专题3 ▶ 股东的出资 / 017

一 出资方式合法性的判断★★ / 017
- 考点12　货币出资 / 017

001

考点 13　非货币出资 /018
考点 14　禁止出资以及非法定出资形式 /020

二　股东违反出资义务的认定★★★ /020
考点 15　未按期足额缴纳出资 /020
考点 16　抽逃出资 /021

三　股东违反出资义务的处理★★★ /022
考点 17　股东对公司的责任 /022
考点 18　股东对公司债权人的责任 /023
考点 19　出资不适用诉讼时效抗辩 /024
考点 20　对股东权利的限制：股东失权 /025
考点 21　股东除名 /025

专题 4　股东的资格 /027

一　股东资格的取得与确认纠纷★★★ /027
考点 22　公司相关文件和股东资格的关系 /027
考点 23　股权归属争议的解决 /028

二　名义股东与实际出资人纠纷★★★ /029
考点 24　实际出资人和名义股东的关系 /029
考点 25　实际出资人和公司的关系（实际出资人显名的条件）/029
考点 26　名义股东和第三人的关系 /030

三　其他股东资格纠纷 /032
考点 27　冒名出资的认定和处理★ /032
考点 28　股权无权处分的认定和责任承担★★★ /033

专题 5　有限责任公司股东的权利和义务 /035

一　股东的查阅、复制权（知情权）★★★ /035
考点 29　可查阅、复制相关资料的范围 /035
考点 30　查阅公司会计账簿、会计凭证的特殊规则 /035
考点 31　查阅、复制权诉讼 /036

二　股东的利润分配请求权（分红权）★★★ /037
考点 32　股东分配利润的顺序和时间 /037
考点 33　利润分配请求权的诉讼规则 /037

目 录

三 股东转让股权的权利 ★★★ / 038
- 考点 34　股权内部转让 / 038
- 考点 35　股权外部转让 / 038
- 考点 36　股权外部转让，损害其他股东优先购买权的处理 / 039
- 考点 37　瑕疵股权转让、未届出资期限的股权转让 / 039
- 考点 38　股权被强制执行 / 040
- 考点 39　异议股东请求公司收购（股权纵向收购）/ 040
- 考点 40　股权转让的变更程序 / 041

四 股东代表诉讼权（对内部人损害公司利益的救济程序）★★★ / 042
- 考点 41　股东代表诉讼的原因 / 043
- 考点 42　股东代表诉讼的前置程序 / 043
- 考点 43　股东代表诉讼的诉讼规则 / 044

五 股东请求法院解散公司的权利（公司司法解散）★★★ / 046
- 考点 44　判决解散公司的事由：公司僵局 / 046
- 考点 45　司法判决解散公司的诉讼规则 / 047
- 考点 46　股东重大分歧的解决 / 047

六 股东的义务 / 049
- 考点 47　股东的义务 / 049

专题 6 ▶ 公司的组织机构 / 050

一 股东会 / 050
- 考点 48　股东会的职权（主要事项）★★ / 050
- 考点 49　股东会会议召集和表决 / 050

二 董事会、监事会 / 053
- 考点 50　董事会、监事会的职权 / 053
- 考点 51　董事会、监事会的组成 / 054
- 考点 52　审计委员会及其职责 / 055
- 考点 53　董事、监事的任期和辞任 / 055
- 考点 54　董事会和监事会的会议程序、决议规则 / 057

专题 7 ▶ 公司董事、监事、高级管理人员的资格和义务 / 058

一 任职资格合法性认定 ★★ / 058
- 考点 55　对董、监、高任职资格的法律限制 / 058
- 考点 56　违反任职资格的处理 / 059
- 考点 57　公司的法定代表人 ★★ / 059

二 履行职务行为的合法性认定

考点 58　忠实义务、勤勉义务的主体和内容 / 060
考点 59　违反义务的具体行为 / 060
考点 60　董事、监事、高管的赔偿责任★★★ / 062
考点 61　董事责任保险 / 063

专题 8 ▶ 公司的财务会计、合并分立、增资减资、公司清算 / 064

一 公司的财务、会计 / 064

考点 62　公积金的种类 / 064
考点 63　公积金的用途 / 064
考点 64　公司的收益分配 / 065

二 公司的合并、分立★ / 066

考点 65　公司合并 / 066
考点 66　公司分立 / 066

三 公司的增资、减资 / 067

考点 67　公司的增资★★★ / 067
考点 68　公司的减资★★★ / 068
考点 69　违法减资的处理★★★ / 069

四 公司清算 / 070

考点 70　公司清算义务人 / 070
考点 71　清算行为 / 071
考点 72　清算人的义务和赔偿责任 / 071
考点 73　公司注销 / 072

专题 9 ▶ 公司经营中的特殊合同 / 074

一 关联关系★★★ / 074

考点 74　关联关系的认定 / 074
考点 75　利用关联关系损害公司利益的处理 / 074

二 公司担保纠纷★★★ / 075

考点 76　公司担保的决议程序★★★ / 075
考点 77　无需担保决议的五种情况★★★ / 076
考点 78　越权担保的处理★★★ / 076

三 股权让与担保★★★ / 078

考点 79　股权让与担保合同的效力★ / 078

目 录

考点 80　债权人享有优先受偿权的条件★ / 079
考点 81　以股权设定让与担保的特殊问题★★★ / 079

（四）对赌协议 / 080

考点 82　对赌协议的效力认定 / 081
考点 83　对赌协议的履行规则 / 081

专题 10 ▶ 股份有限公司、上市公司相关考点 / 082

考点 84　股份有限公司 / 082
考点 85　上市公司组织机构的特殊规则 / 083

第 2 讲　破 产 法　　084

专题 11 ▶ 破产法中的程序问题 / 086

考点 86　破产受理的法律后果（程序衔接）★ / 086
考点 87　重整程序对营业的特殊保护★ / 087
考点 88　破产清算程序★ / 088
考点 89　关联企业破产的实质合并审理 / 089
考点 90　关联企业破产的协调审理 / 091

专题 12 ▶ 破产法中的实体问题 / 092

考点 91　破产债权的申报 / 092
考点 92　共益债务的范围和清偿规则 / 093
考点 93　保证债权的特殊规定★★★ / 093
考点 94　关于债务人财产的权利：撤销权、抵销权 / 095
考点 95　对未缴出资、非正常收入的处理（追回权）/ 097
考点 96　对债务人占有的他人财产的处理（权利人的取回权）/ 098
考点 97　基于所有权保留买卖协议的取回权 / 100

第 3 讲　票 据 法　　101

专题 13 ▶ 票据与民法、民事诉讼程序的结合★★ / 102

考点 98　票据"无因性"原理的适用 / 102
考点 99　票据对人抗辩（可以民事违约为由行使的票据抗辩）/ 103
考点 100　保兑仓交易 / 104
考点 101　票据丧失的公示催告程序 / 105

专题 14 ▶ 票据行为（票据记载事项）★★★ / 106
- 考点 102　出票规则 / 106
- 考点 103　背书规则 / 107
- 考点 104　票据质押 / 108
- 考点 105　保证规则 / 109
- 考点 106　票据承兑、付款规则 / 110

第 4 讲　其他部门法　112

专题 15 ▶《证券法》/ 112
- 考点 107　对交易主体和交易行为的限制 / 112
- 考点 108　虚假信息披露的法律责任 / 113
- 考点 109　投资者因证券欺诈受到损失的救济途径★★ / 114

专题 16 ▶ 公司涉及财产保险纠纷★ / 115
- 考点 110　标的危险变化的处理（危险增加或降低）/ 115
- 考点 111　第三者造成的财产保险事故的处理（代位求偿权）/ 115

专题 17 ▶ 合伙企业相关的纠纷 / 117
- 考点 112　合伙人★ / 117
- 考点 113　入伙、退伙 / 117
- 考点 114　普通合伙企业的事务执行 / 118
- 考点 115　有限合伙企业的事务执行 / 119
- 考点 116　特殊普通合伙企业的债务清偿 / 120

专题 18 ▶ 公司涉及市场规制纠纷（垄断、不正当竞争行为）/ 121
- 考点 117　经营者的垄断行为★★ / 121
- 考点 118　经营者的不正当竞争行为★★ / 123

专题 19 ▶ 公司（用人单位）和劳动者的纠纷 / 125
- 考点 119　劳动合同的订立环节（未签订书面劳动合同的纠纷）/ 125
- 考点 120　劳动合同的履行环节（劳动合同的特殊条款）/ 126
- 考点 121　劳动合同的解除环节 / 127

专题 20 ▶ 公司涉及专利的纠纷 / 129
- 考点 122　侵犯专利权的行为 / 129
- 考点 123　不构成侵犯专利权的行为 / 129
- 考点 124　构成专利侵权的诉讼问题 / 130

第1讲 LECTURE 01

公　司　法

考情分析

1. 本讲结构安排

自 2002 年司法考试至今，公司法部分的历年主观真题均是考查"有限责任公司"类型，所以本书内容着力于有限责任公司的制度，可概括为"有限责任公司的一生一世"。但不能忽视现实中广泛存在的有限责任公司变更为股份有限公司进而成为上市公司的现象，所以我们在备考时也要适当关注股份有限公司以及上市公司的规则。基于上述考虑，本讲在专题 10 介绍股份有限公司可能出现于主观题的一些制度。

2. 考查角度概况

2023 年《公司法》对公司资本制度，股东出资，董事、高管的赔偿责任，公司的组织机构等方面进行了广泛的修订。这些修订从公司实践中来，其中涉及的具体问题大多在历年主观真题中有所体现；在修订的《公司法》实施后，这些修订也将到公司实践中去，影响具体案件的审判实务。所以，我们应对公司实务中的常见纠纷（这些纠纷也是常见考查角度）事先有所了解，做到"有备而学"。

考查角度	考查次数/年份	考点概述
公司的法人性与股东有限责任原则	3 次/2020、2019、2016 年	1. 运用公司的概念和公司的"法人性"特征，解释股东能否直接退股、股东是否要对公司债务承担连带责任等。 2. 运用"法人性"特征，解释分公司和子公司债务清偿的不同规则。 3. 判断股东的行为是否构成滥用"有限责任原则"，以及在法人人格否认诉讼中如何开列诉讼当事人。
公司的设立	3 次/2021、2018、2013 年	1. 股东违反设立协议关于出资的要求，是否会导致公司不能成立。

续表

考查角度	考查次数/年份	考点概述
公司的设立	3次/2021、2018、2013年	2. 对于发起人设立阶段签订的合同，分析其合同效力以及责任承担。
股东的出资	10次/2023、2021、2020、2018、2016、2015、2014、2013、2012、2010年	1. 判断某股东的出资方式、出资行为是否合法。 2. 判断股东是否违反出资义务，并提出处理方案。 3. 判断未届出资期限股东，是否加速出资到期。
股东的资格	7次/2020、2019、2018、2016、2014、2013、2010年	1. 判断在证据不充分的情形下，能否确认某人是公司股东。 2. 代持股法律纠纷。 3. 特殊情形下，如出现"被冒名""股权被无权转让"时，股东资格的认定。
股东的权利	12次/2024、2023、2022、2020、2019、2018、2017、2016、2015、2013、2012、2010年	1. 股东可以查阅、复制公司文件的内容。 2. 判断公司拒绝股东查账的理由是否正当。 3. 分红权的诉讼规则，常结合考查公司分红决议的效力。 4. 股权转让的具体规则（章程限制股权转让是否合法；其他股东是否享有优先购买权）。 5. （有限责任公司）其他股东被损害优先购买权时可采取的救济措施。 6. 未届出资期限股权的转让。 7. 未按章程缴纳出资形成股权（瑕疵股权）的转让。 8. 股权变更程序；股权受让人的权利和责任。
董事、监事与高级管理人员	7次/2024、2020、2017、2016、2014、2012、2010年	1. 判断某人的董事或高管身份是否有效。 2. 董事或高管在公司经营中的行为是否恰当，是否违反忠实义务和勤勉义务。 3. 董、监、高等损害公司利益时如何承担赔偿责任，股东可以采取的救济措施。
公司的组织机构	6次/2024、2023、2021、2020、2017、2015年	1. 判断某个组织机构能否行使某项职权，如是否有权修改章程，常与"会议规则和表决方式"结合，判断分析公司作出的某项决议的效力。 2. 董事会、监事会的组成和任期的具体要求。 3. 董事、法定代表人职务解除、辞任和变更相关纠纷。
公司的决议	8次/2023、2022、2021、2020、2015、2013、2012、2010年	1. 从决议内容、决议程序判断决议的效力。 2. 公司作出的担保决议是否有效。 3. 判断法定代表人越权担保时，公司所签担保合同是否有效，公司是否承担担保责任。

续表

考查角度	考查次数/年份	考点概述
公司经营中的特殊合同	2次/2022、2021年	1. 关联交易合同的效力以及是否要承担赔偿责任。 2. 和民法结合，分析股权让与担保合同以及特殊合同条款的效力（如是否构成流质、流押），分析债权人是否有权优先受偿。 3. 是否构成对赌协议以及合同履行问题。
公司的资本制度、收益分配规则	3次/2017、2016、2015年	1. 何时产生注册资本变更的效力。 2. 注册资本变更时，对现有股东如何保护。 3. 判断公司收益分配顺序和分配比例是否合法。
公司的合并分立、解散清算	3次/2021、2017、2012年	1. 合并分立规则清晰简单，近些年较少单独考查。 2. 可从实体法的角度考查股东能否提起司法解散，也可从程序法的角度考查其特殊的诉讼规则。 3. 公司清算的具体规则；清算义务人行为正当性判断（是否违反忠实义务、勤勉义务，是否承担赔偿责任）。

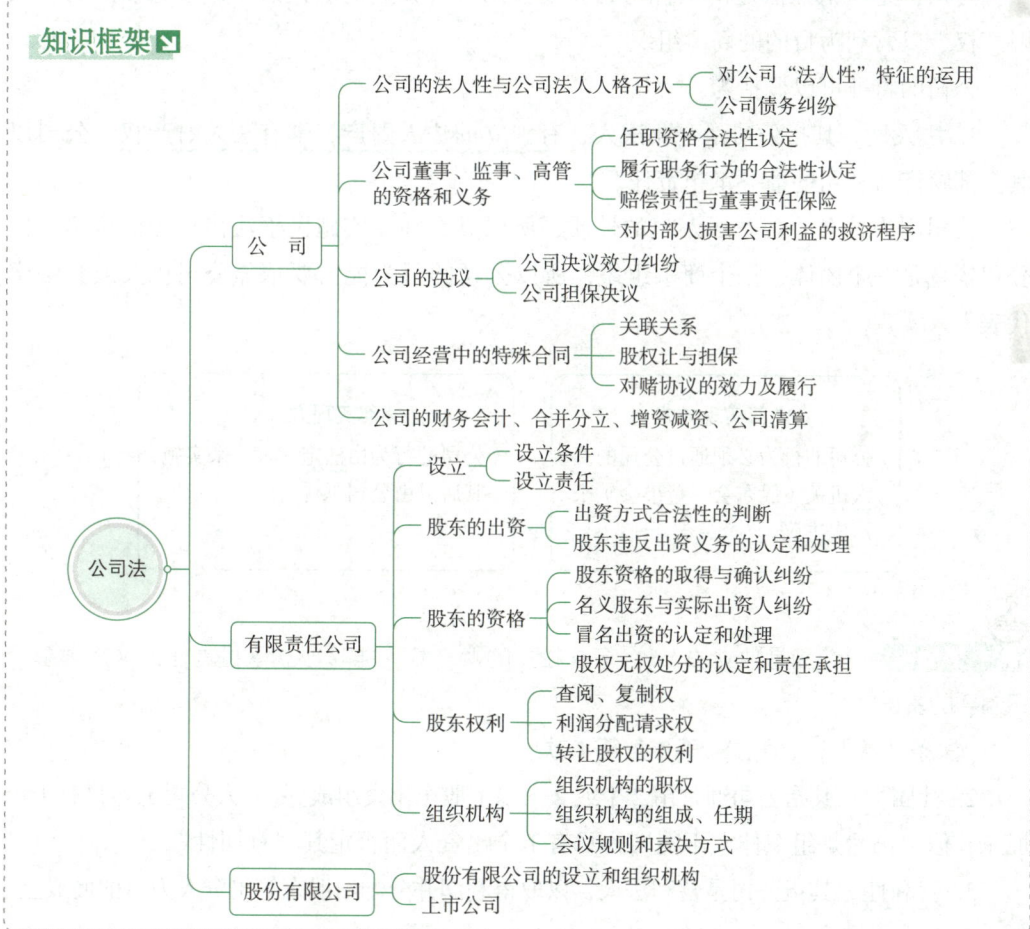

知识框架

公司法
- 公司
  - 公司的法人性与公司法人人格否认
    - 对公司"法人性"特征的运用
    - 公司债务纠纷
  - 公司董事、监事、高管的资格和义务
    - 任职资格合法性认定
    - 履行职务行为的合法性认定
    - 赔偿责任与董事责任保险
    - 对内部人损害公司利益的救济程序
  - 公司的决议
    - 公司决议效力纠纷
    - 公司担保决议
  - 公司经营中的特殊合同
    - 关联关系
    - 股权让与担保
    - 对赌协议的效力及履行
  - 公司的财务会计、合并分立、增资减资、公司清算
- 有限责任公司
  - 设立
    - 设立条件
    - 设立责任
  - 股东的出资
    - 出资方式合法性的判断
    - 股东违反出资义务的认定和处理
  - 股东的资格
    - 股东资格的取得与确认纠纷
    - 名义股东与实际出资人纠纷
    - 冒名出资的认定和处理
    - 股权无权处分的认定和责任承担
  - 股东权利
    - 查阅、复制权
    - 利润分配请求权
    - 转让股权的权利
  - 组织机构
    - 组织机构的职权
    - 组织机构的组成、任期
    - 会议规则和表决方式
- 股份有限公司
  - 股份有限公司的设立和组织机构
  - 上市公司

01 公司法总则

一、公司的特征、分类，股东有限责任原则，公司法人人格否认

考点 001 公司的特征

> **考查角度** 属于基础理论的运用。"法人性"常用于解释公司债务如何清偿、股东和公司的关系（如股东能否直接要求退股以退出公司）。

公司，是指依照法定的条件与程序设立的、有独立的法人财产、享有独立的法人财产权、以营利为目的的商事组织。

公司的特征可以概括为：

1. 法人性。其指公司是企业法人，有独立的法人财产，享有法人财产权。公司以其全部财产对公司的债务承担责任。

公司因为具有"独立法人"的性质，所以具有独立实施民事法律行为的资格。但公司毕竟是一个团体、一个商事组织，所以公司的行为能力要依靠公司机关或其法定代表人来实现。

内部实现方式	外部实现方式
公司的行为必须通过公司的法人机关（股东会、董事会）来形成决议。	公司的行为由法定代表人来实施，其后果由公司承受。

一招制敌 "公司是独立法人"，享有独立的财产权，能够独立承担责任，这是理解公司制度的基础。

[法条链接]《公司法》第3条第1款。

2. 社团性。其指公司通常由2个或2个以上股东出资组成。（一人公司虽然只有1个股东，但它仍然是组织体，不能因为只有1个出资人而否定其"社团性"）

3. 营利性。其指公司是营利法人，以取得利润并分配给股东等出资人为目的而成立。

迷你案例

案情：股东张某听闻萱草公司陷入经营困境，无法清偿到期债务，故要求萱草公司返还其出资款10万元。

问题：张某的请求能否得到法院支持？（3分）

答案：不能。（1分）因为公司是独立法人，股东的出资款已经成为公司的独立法人财产，公司成立后股东不得抽回出资。（1分）张某可以通过行使股权的方式（如从公司取得分红）收回出资款。（1分）

考点 002 分公司和子公司

分公司和子公司债务的清偿，属于"法人性"特征的具体运用。

依据公司间的关系，可分为总公司-分公司和母公司-子公司。

总公司-分公司
- 总公司，是指依法设立并管辖公司全部组织的具有企业法人资格的总机构。
- 分公司，是指在业务、资金、人事等方面受总公司管辖而不具有法人资格的分支机构。

母公司-子公司
- 母公司，是指拥有其他公司一定数额的股份或根据协议，能够控制、支配其他公司的人事、财务、业务等事项的公司。
- 子公司，是指一定数额的股份被另一公司控制或依照协议被另一公司实际控制、支配的公司。子公司具有法人资格，独立承担民事责任。

	分公司	子公司
民事责任	分公司不具有法人资格，其民事责任由总公司承担。	子公司具有法人资格，独立承担民事责任。
诉讼主体	（1）分公司应当申请登记，领取营业执照；（2）分公司是独立诉讼主体，可为原告、被告。	（1）子公司应当领取营业执照；（2）子公司是独立诉讼主体，可为原告、被告。

一招制敌："是否为独立法人"，是区分"分公司"和"子公司"的关键。

［法条链接］《公司法》第13条。

迷你案例

案情：A公司为拓宽市场，分别设立甲分公司与乙分公司。

问题：A公司的债权人在A公司直接管理的财产不能清偿债务时，能否主张强制执行各分公司的财产？（3分）

答案：能。（1分）由于分公司没有独立财产权，其财产本应归属于总公司，因此，当总公司（A公司）直接管理的财产不能清偿债务时，债权人主张由各分公司的财产清偿是合法的。（2分）

考点 003 股东有限责任原则

股东有限责任原则，是指股东以其认缴的出资额为限（或以其认购的股份为限）对公司承担责任。该原则是公司法的基本原则，目的是解决"股东-公司-债权人"三者之间的关系，概括而言，是为了解决"公司债务如何清偿"的问题。

该原则的要点包括：

1. 作为公司的出资人，股东除按认缴的出资额（或认购的股份）缴足出资款外，对公司的债务不承担清偿责任。

2. 股东承担有限责任的基础：认缴的出资额（或认购的股份）。（认缴出资≥实缴出资）

[法条链接]《公司法》第4条第1款。

迷你案例

案情：高某与刘某组建萱草贸易有限责任公司，公司注册资本为20万元，高某与刘某各认缴出资10万元。在高某与刘某各出资5万元后，萱草公司成立并聘请陈某担任经理。萱草公司成立1年后，公司总资产为50万元，但公司负债高达80万元。

问题：分析上述各主体和萱草公司债务清偿之间的关系。（4分）

答案：（1）萱草公司应当以其全部财产，而非注册资本20万元对公司债务承担清偿责任。这是公司法人性的体现。（1分）

（2）高某与刘某应当以各自认缴的出资额10万元，而非实缴出资5万元对公司债务承担清偿责任。这是股东有限责任的体现。（2分）

（3）陈某无需对公司债务承担清偿责任，因其身份是公司经理，而非股东。（1分）

考点 004 公司法人人格否认★★★

考查角度

1. 实体法角度：判断股东是否对公司债务承担连带责任。"人格混同""过度控制"常用于"公司债务纠纷"的说理部分。

2. 程序法角度：掌握"公司法人人格否认诉讼"中如何确定当事人的诉讼地位。鉴于近些年"商法+民诉法"紧密结合的出题趋势，该考点的重要性不容忽视。

公司法人人格否认，是指公司股东滥用公司法人独立地位和股东有限责任，逃避债务，严重损害公司债权人利益的，应当对公司债务承担连带责任。

（一）人格否认的常见情形

一招制敌 判断标准为：公司是否具有独立意思和独立财产。包括：公司的财产与股东的财产是否混同且无法区分；控制股东是否过度支配与控制，操纵公司的决策过程，使公司完全丧失独立性，沦为控制股东的工具。

[情形1] 人格混同

常见情形包括：
1. 股东无偿使用公司资金或者财产，不作财务记载的。
例如，某夫妻开的公司，丈夫将公司当作自己的钱袋子，随意提取，构成人格混同。
2. 股东用公司的资金偿还股东的债务，或者将公司的资金供关联公司无偿使用，不作财务记载的。
3. 公司账簿与股东账簿不分，致使公司财产与股东财产无法区分的。
4. 股东自身收益与公司盈利不加区分，致使双方利益不清的。
5. 公司的财产记载于股东名下，由股东占有、使用的。
6. 人格混同的其他情形。

[情形2] 过度支配与控制

常见情形包括：
1. 母子公司之间或者子公司之间进行利益输送的。
例如，A公司同时为甲、乙两家公司的控股股东，现因乙公司经营不善，处于严重亏损状态，A公司遂将甲公司的业务全部转入乙公司。
2. 母子公司或者子公司之间进行交易，收益归一方，损失却由另一方承担的。
例如，A公司同时为甲、乙两家公司的控股股东，甲、乙两家公司共同研发专利，约定研发过程中成本和风险均由甲公司承担，但专利研发成功后获取的收益由乙公司享有。
3. 先从原公司抽走资金，然后再成立经营目的相同或者类似的公司，逃避公司债务的。
4. 先解散公司，再以原公司场所、设备、人员及相同或者相似的经营目的另设公司，逃避原公司债务的。
5. 过度支配与控制的其他情形。

[情形3]资本显著不足

其指公司设立后在经营过程中,股东实际投入公司的资本数额与公司经营所隐含的风险相比明显不匹配。股东利用较少资本从事力所不及的经营,表明其没有从事公司经营的诚意。

例如,A公司的注册资本为10万元,但A公司对外签订购买商业大飞机的合同,合同金额高达1亿元,后A公司因无力清偿被债权人起诉。

[法条链接]《九民纪要》第10~12点。

(二)公司法人人格否认的责任承担

1.（纵向人格否认）公司股东滥用公司法人独立地位和股东有限责任,逃避债务,严重损害公司债权人利益的,应当对公司债务承担连带责任。（下图1）

2.（横向人格否认）股东利用其控制的2个以上公司实施上述行为的,各公司应当对任一公司的债务承担连带责任。（下图2）

3.（一人公司人格否认）只有一个股东的公司,股东不能证明公司财产独立于股东自己的财产的,应当对公司债务承担连带责任。（提示：一人公司举证责任由股东承担）

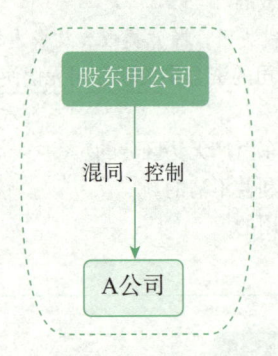

图1　甲公司与A公司的关系　　图2　A、B、C公司三者的关系

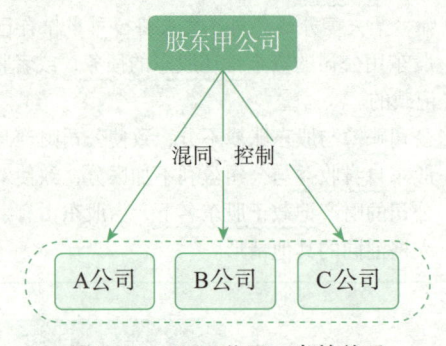

[法条链接]《公司法》第23条。

迷你案例

案情：甲公司持有萱草公司70%的股份并派员担任董事长,乙公司持股30%。后甲公司将萱草公司的资产全部用于甲公司的一个大型投资项目,待债权人丙公司要求萱草公司偿还货款时,发现萱草公司的资产不足以清偿。

问题：丙公司还可以向谁主张清偿责任？（5分）

答案：还可以向股东甲公司主张连带责任,但不能向股东乙公司主张。（1分）股东滥用法人独立地位和股东有限责任,应对公司债务承担连带责任。（1分）本案中,股东甲公司擅自将萱草公司财产转移,损害了萱草公司的独立法人人格,但股东乙公司并未出现上述滥用股东有限责任的情形（2分）,故应当由甲公司对萱草公司债务承担连带责任（1分）。

(三)人格否认纠纷案件当事人的诉讼地位

1. 债权人对债务人公司享有的债权已经由生效裁判确认,其另行提起公司人格否认诉讼,请求股东对公司债务承担连带责任的,列股东为被告,公司为第三人。

2. 债权人对债务人公司享有的债权提起诉讼的同时,一并提起公司人格否认诉讼,请求股东对公司债务承担连带责任的,列公司和股东为共同被告。

3. 债权人对债务人公司享有的债权尚未经生效裁判确认,直接提起公司人格否认诉讼,请求公司股东对公司债务承担连带责任的,人民法院应当向债权人释明,告知其追加公司为共同被告。债权人拒绝追加的,人民法院应当裁定驳回起诉。

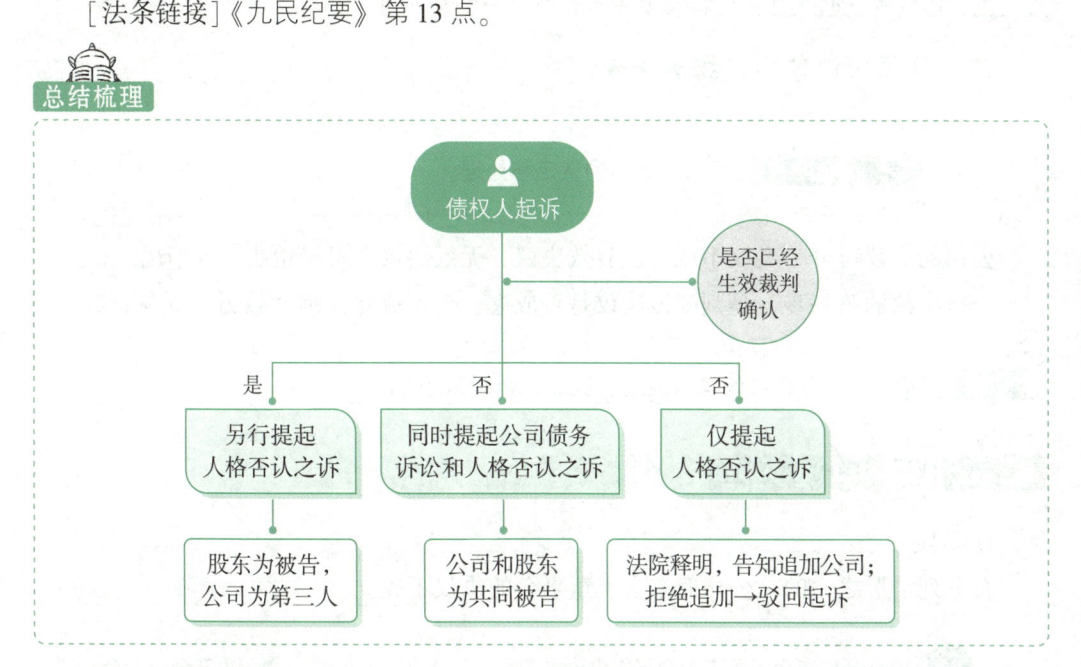

一招制敌 考虑债务人公司和债权人的关系是否经过生效裁判确认。未确认的:公司+滥权股东为共同被告;已经确认,债权人另行提起人格否认诉讼的:股东为被告,公司为第三人。

[法条链接]《九民纪要》第 13 点。

总结梳理

```
                    债权人起诉
                        │
                   是否已经
                   生效裁判
                     确认
        ┌──────────────┼──────────────┐
        是             否              否
        │              │               │
    另行提起       同时提起公司债务      仅提起
   人格否认之诉    诉讼和人格否认之诉   人格否认之诉
        │              │               │
    股东为被告,      公司和股东      法院释明,告知追加公司;
    公司为第三人     为共同被告      拒绝追加→驳回起诉
```

(四)争议问题:是否承认"逆向人格否认"

逆向人格否认,即在出现股东滥用股东有限责任和公司法人独立地位的情况时,公司要对股东债务承担连带责任。

一般情况下没有"逆向否认法人人格"的必要。但是,在出现人格混同的情况时,由于股东财产与公司财产边界不清、无法区分,将产生母子公司对债务互负连带责任的情况。目前,最高院有一例判决支持"一人公司"在法人人格混同这一特定情形下,以子公司财产为母公司债务承担责任。另外,在实质合并破产程序中,因为以母子公司的财产统一向所有债权人承担责任,由此会在形式上产生以子公司财产为母公司债务承担责任的效果,可以认为属于"逆向否认法人人格"的情况。但需要强调的是,上述情况非常特殊，应仅限于法人人格混同这一特定情形。[观点来源：综合自最高院法答网精选答问（第9批，20240829）；（2020）最高法民申2158号]

迷你案例

案情：甲公司与A公司签订《股权转让协议》，约定甲公司将其65%的股权有偿转让给A公司，并完成了股权变更登记手续，但A公司未完全支付对价。另查明，A公司现持有B公司100%的股权。A公司无法提交证据证明其和B公司之间财产独立。甲公司诉至法院，要求A、B公司承担连带责任。

问题：B公司是否应当对股东A公司的债务承担连带责任？（3分）

答案：在股东与公司人格混同的情形下，公司对股东的债务承担连带责任。（1分）本案中，A公司无法提交证据证明B公司的财产独立于自己的财产，两公司在法律上应视为同一责任主体，构成人格混同（1分），B公司应对A公司的债务承担连带清偿责任（1分）。

二、公司决议效力纠纷 ★★★

考查角度》 公司决议效力的认定和处理。

公司的决议可分为决议不成立、有效决议、无效决议、可撤销决议等情况。
分析决议的第一步，是判断该决议是否成立，若不成立，则"效力"无从谈起。

一招制敌 第一步看决议是否成立；第二步再看决议的效力。

考点 005 决议不成立

1. 认定

有下列情形之一的，公司股东会、董事会的决议<u>不成立</u>：

01	未召开股东会、董事会会议作出决议	▶ 未开会
02	股东会、董事会会议未对决议事项进行表决	▶ 未表决
03	出席会议的人数或者所持表决权数未达到《公司法》或者公司章程规定的人数或者所持表决权数	▶ 相当于未开会
04	同意决议事项的人数或者所持表决权数未达到《公司法》或者公司章程规定的人数或者所持表决权数	▶ 相当于未表决

2. 处理

公司股东、董事、监事等请求确认股东会、董事会决议不成立的，人民法院应当依法予以受理。

一招制敌 均为程序重大瑕疵，该瑕疵导致决议没有达到法定最低合意。

[法条链接]《公司法》第 27 条；《公司法解释（四）》第 1 条。

已经成立的决议，依据内容和会议程序可划分为有效决议、无效决议、可撤销决议。

考点 006 有效决议、无效决议

1. 有效决议

（1）决议内容合法，且作出决议的程序合法；

（2）股东会、董事会的会议召集程序或者表决方式仅有轻微瑕疵，对决议未产生实质影响的，决议有效；

（3）不可提起请求确认"决议有效"的诉讼，若提起，法院不予受理。

2. 无效决议

（1）公司股东会、董事会的决议内容违反法律、行政法规的无效。

例如，公司股东会决议分配本年度利润时，未弥补上年度亏损，未纳税，未提取法定公积金，直接向股东分红。该决议因为"内容违反《公司法》强行性规定"，是无效决议。

（2）救济手段：公司股东、董事、监事等请求确认股东会、董事会决议无效的，人民法院应当依法予以受理。

[法条链接]《公司法》第 25 条；《公司法解释（四）》第 1 条。

考点 007 可撤销决议

情形	可撤销情形	（1）股东会、董事会的会议召集程序、表决方式违反法律、行政法规或者公司章程； （2）决议内容违反公司章程。
	不可撤销情形	股东会、董事会的会议召集程序或者表决方式仅有轻微瑕疵，对决议未产生实质影响。
救济	原告	请求撤销股东会或者董事会决议的原告，应当在起诉时具有公司股东资格。
	时效	情形 1：股东自决议作出之日起 60 日内，可以请求人民法院撤销。 情形 2：未被通知参加股东会会议的股东： （1）自知道或者应当知道股东会决议作出之日起 60 日内，可以请求人民法院撤销； （2）自决议作出之日起 1 年内没有行使撤销权的，撤销权消灭。

[法条链接]《公司法》第26条;《公司法解释(四)》第2条。

考点 008 公司决议和公司相对人的关系

股东会、董事会决议被人民法院宣告无效、撤销或者确认不成立的:
1. 公司应当向公司登记机关申请撤销根据该决议已办理的登记。
2. 公司根据该决议与善意相对人形成的民事法律关系不受影响。

[法条链接]《公司法》第28条。

迷你案例

案情:甲公司有A、B、C三位股东,三人组成董事会。公司章程规定:董事会享有解聘经理等职权;董事会会议须由2/3以上的董事出席方可举行;董事会决议由占全体股东2/3以上的董事表决通过有效。某日,公司召开董事会,三位董事均出席,会议形成了"鉴于总经理B不经董事会同意私自动用公司资金在二级市场炒股,造成巨大损失,现免去其总经理职务,即日生效"的决议。该决议由A、C签名,B未在该决议上签名。经查,董事会决议中认定的"B私自炒股"与事实存在重大偏差。(改编自最高人民法院指导案例10号:李建军诉上海佳动力环保科技有限公司公司决议撤销纠纷案)

问题:甲公司董事会解聘总经理B的决议是否有效?(3分)

答案:有效。(1分)本案中的决议内容是"董事会解聘总经理",该内容本身并不违反公司章程,也不违反《公司法》的规定。(1分)并且该次会议的召集程序、表决方式均无明显瑕疵(1分),所以该项决议是有效决议。

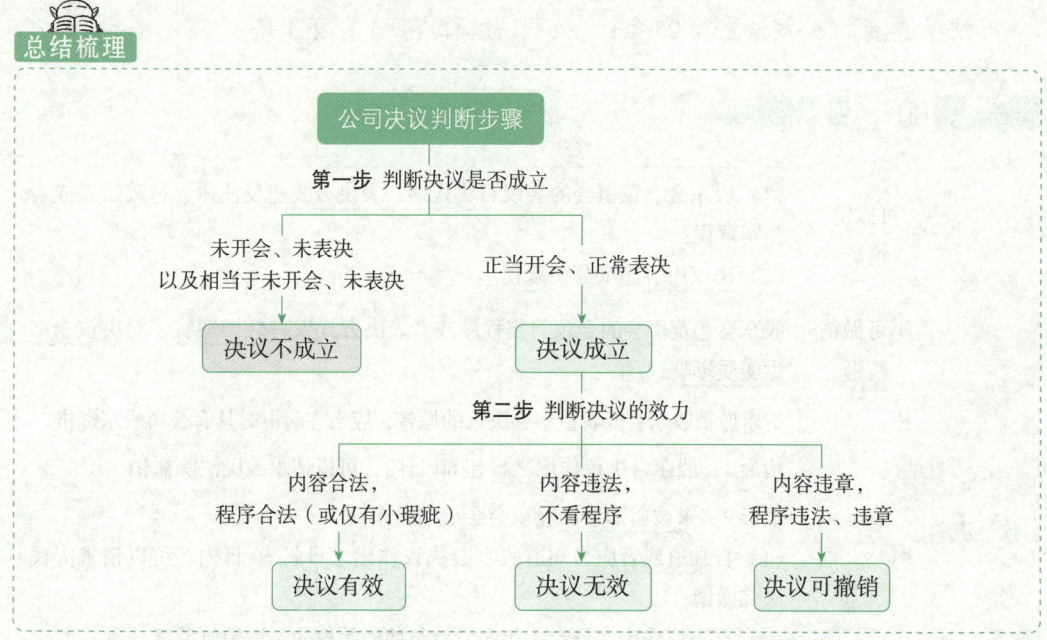

总结梳理

```
                    公司决议判断步骤
                            │
                   第一步 判断决议是否成立
                    ┌───────┴───────┐
             未开会、未表决         正当开会、正常表决
          以及相当于未开会、未表决
                ↓                       ↓
           决议不成立                决议成立
                                         │
                                第二步 判断决议的效力
                        ┌────────────────┼────────────────┐
                   内容合法,           内容违法,         内容违章,
              程序合法(或仅有小瑕疵)    不看程序         程序违法、违章
                        ↓                ↓                ↓
                    决议有效          决议无效          决议可撤销
```

02 公司的设立

公司设立，是指公司发起人依照法定条件和程序，为组建公司并取得法人资格而必须采取和完成的法律行为。

一、设立条件

根据《公司法》的规定，设立有限责任公司需要符合的法定条件包括：发起人、注册资本、章程、名称、组织机构、住所等。

考点 009　注册资本 ★★

注册资本，是指公司在设立时筹集的、由章程载明的、经公司登记机关登记注册的资本。

1. 有限责任公司的注册资本为在公司登记机关登记的全体股东认缴的出资额。
2. 全体股东认缴的出资额由股东按照公司章程的规定自公司成立之日起 5 年内缴足。
3. 法律、行政法规以及国务院决定对有限责任公司注册资本实缴、注册资本最低限额、股东出资期限另有规定的，从其规定。
4. 注册资本需要在公司章程中记载，并在营业执照中载明。
5. 存量公司的处理（3 年过渡+5 年实缴）

（1）2024 年 6 月 30 日前登记设立的公司，有限责任公司剩余认缴出资期限自 2027 年 7 月 1 日起超过 5 年的，应当在 2027 年 6 月 30 日前将其剩余认缴出资期限调整至 5 年内并记载于公司章程，股东应当在调整后的认缴出资期限内足额缴纳认缴的出资额。(3 年过渡)

（2）对于出资期限、注册资本明显异常的，公司登记机关可以依法要求其及时调整。具体实施办法由国务院规定。

考点 010　公司章程 ★★

> **考查　角度** 判断公司章程条款是否有效。这涉及平衡"公司意思自治"与"《公司法》的强制性"，是高频考点。

公司章程，是指公司所必备的，规定其名称、宗旨、资本、组织机构等事务的基本法律文件。

1. 章程的制定和修改

（1）设立有限责任公司，应当由股东共同制定章程。股东应当在章程上签名或者盖章。（初始章程，登记生效）

（2）修改章程，需要经股东会表决通过，公司应申请变更登记。不登记不得对抗善意第三人。（修改章程，登记对抗）

2. 章程条款

虽然有限责任公司注重意思自治，允许在章程中由股东设计公司内部管理，但毕竟《公司法》对此具有一定的强制性规范，不允许章程另行规定或违反法律规定。下列事项属于法律的强制性规范，有限责任公司的章程不得违反：

1 公司为公司股东或者实际控制人提供担保的，应当经股东会决议

2 股东会作出修改章程、增加或者减少注册资本的决议，以及公司合并、分立、解散或者变更公司形式的决议，应当经代表2/3以上表决权的股东通过

3 董事会决议的表决，应当一人一票

4 公司提取法定公积金的最低比例、公司利润分配的顺序均要符合法律规定

5 章程、股东之间的协议不得实质性剥夺股东查阅或者复制公司文件材料的权利

3. 章程的效力

（1）章程对公司、股东、董事、监事、高级管理人员具有约束力；

（2）上述人员，既包括设立时的股东、董事等，也包括公司成立后新加入的上述主体；

（3）公司超越章程从事的经营活动，只要未违反法律、行政法规的规定，该行为就有效。

[法条链接]《公司法》第5条、第15条第2款、第45条、第56条第3款、第66条第2款、第73条第3款、第210条；《公司法解释（四）》第9条。

迷你案例

案情：甲公司章程规定，董事长未经股东会授权，不得处置公司资产，也不得以公司名义签订非经营性合同。一日，董事长任某见王某开了一辆新款宝马车，遂决定以自己乘坐的公司的旧奔驰车与王某调换，并办理了车辆过户手续。

问题：如何评价任某换车行为的效力？（4分）

答案：任某的换车行为，应从两个角度评价：①换车行为属于违反公司章程规定处置公司资产以及从事非经营性交易的行为，给甲公司造成损失的，任某应当承担赔偿责任。（2分）②《公司法》第5条规定，公司章程对公司、股东、董事、监事、高级管理人员具

有约束力。也即公司章程的效力不及于交易第三人。(1分) 所以,当王某是善意时,公司董事长任某的交易行为有效。(1分)

二、公司的设立责任★★

考点 011 发起人的合同责任、侵权责任

> **考查角度** 公司设立阶段合同的效力以及清偿责任的主体。

设立中公司,是指从筹备公司设立开始到公司领取营业执照成立这一阶段,其性质为发起人之间的合伙。

1. 公司在设立阶段签订的合同的效力,依据民法的规定来判断。
2. 有限责任公司设立时的股东为设立公司从事的民事活动:
(1) 其法律后果由公司承受;
(2) 设立时的股东为设立公司以自己的名义从事民事活动产生的民事责任,第三人有权选择请求公司或者公司设立时的股东承担。
3. 公司成立后有证据证明发起人利用设立中公司的名义为自己的利益与相对人签订合同的,可以此为由主张不承担合同责任,但相对人为善意的除外。

一招制敌 合同的效力,均依据《民法典》的规定判断。合同责任:"以谁之名,为谁之实(实际利益)"。

4. 发起人侵害第三人利益的责任

设立时的股东因履行公司设立职责造成他人损害的:

01 公司未成立 全体发起人承担连带赔偿责任

02 公司成立后 公司承担侵权赔偿责任

03 公司或者无过错的股东承担赔偿责任后 可以向有过错的股东追偿

[法条链接]《公司法》第44条第1、2、4款;《公司法解释(三)》第5条。

迷你案例

案情:甲、乙、丙拟设立萱草商贸公司,为方便公司设立,发起人协议约定由丙负责租

赁公司运营所需仓库。因公司尚未成立，丙为方便签订合同，遂以自己的名义与戊签订了仓库租赁合同。萱草公司成立后，迟迟未付租金。

问题：戊可以向谁主张该租金债务？（3分）

答案：戊既可以请求丙，也可以请求萱草公司承担合同责任。（1分）该仓库租赁合同虽然是以丙的名义签订的，但丙签订合同的目的是方便公司设立（1分），根据《民法典》第75条第2款的规定，合同相对人戊有权选择请求法人或者发起人承担民事责任（1分）。

03 股东的出资

一、出资方式合法性的判断 ★★★

[法条链接]《公司法》第48条 股东可以用货币出资，也可以用实物、知识产权、土地使用权、股权、债权等可以用货币估价并可以依法转让的非货币财产作价出资；但是，法律、行政法规规定不得作为出资的财产除外。

对作为出资的非货币财产应当评估作价，核实财产，不得高估或者低估作价。法律、行政法规对评估作价有规定的，从其规定。

考 点 012 货币出资

1. 货币出资没有金额限制。
2. 货币出资没有来源限制。以贪污、受贿、侵占、挪用等违法犯罪所得的货币出资后取得股权的，对违法犯罪行为予以追究、处罚时，应当采取拍卖或者变卖的方式处置其股权。

一招制敌 货币"占有即所有"，股东出资的资金来源不影响股权的取得。

[法条链接]《公司法解释（三）》第7条第2款。

3. 股东应当将货币足额存入公司在银行开设的账户。

迷你案例

案情：宋某是国有企业甲商业大楼的法定代表人，经过上级主管机构批准，2018年，甲商业大楼改制为甲百货有限责任公司。改制计划为：将甲商业大楼进行资产评估后出售给包括宋某在内的企业管理层人员和职工。甲百货有限责任公司成立后分别向各认购人签发了出资证明书。2022年5月，甲百货有限责任公司被立案侦查。侦查发现：宋某在2018年改制时挪用了原甲商业大楼的资金，作为购买甲百货有限责任公司股权的出资款。（改编自2005年司考真题）

问题：宋某在2018年改制时所取得的股权是否有效？为什么？（4分）

答案：有效。（1分）股东以货币出资的，其取得股权的出资资金来源不影响股权的取得。（2分）本案中，虽然宋某所获股权均是挪用企业资金购买，可采取拍卖或者变卖的方式处置该股权（1分），但不得以此否认宋某为股东的事实以及持有股权的效力。

考点 013 非货币出资

> **考查角度** 判断某股东的出资行为是否合法。常结合民法考查,首先要判断出资财产是否是"无权处分的财产",其次要考虑受让公司能否善意取得。

(一)实物、知识产权出资

1. 应当依法办理财产权的转移手续。(所有权换股权)
2. 股东以非货币财产出资的,应当评估作价,核实财产,不得高估或者低估作价。
3. 出资人以不享有处分权的财产出资,当事人之间对于出资行为效力产生争议的,法院可以参照《民法典》第311条关于"善意取得"的规定予以认定。
4. 不动产的交付和过户分离

交付未过户	过户未交付
当事人可在指定的合理期间内办理权属变更手续,自其实际交付时享有相应股东权利。	公司或者其他股东主张其向公司交付的,自其实际交付时享有相应股东权利。

例如,股东张某以房屋出资。

(1)若房屋1月1日交付给公司使用,但迟至8月1日才办完过户手续。张某何时享有相应股东权利?(自1月1日起享有股东权)

(2)若房屋1月1日过户给公司,8月1日张某才搬离该房屋并交付。张某何时享有相应股东权利?(自8月1日起享有股东权)

[法条链接]《公司法》第48条第2款、第49条第2款;《公司法解释(三)》第7条第1款、第10条(交付和过户分离);《民法典》第311条(善意取得)。

(二)土地使用权、股权、债权出资

1. 土地使用权出资

(1)用于出资的土地使用权应是未设定权利负担的土地使用权。

(2)出资人不得以划拨土地使用权出资。

(3)违反上述出资义务的处理:法院应当责令当事人在指定的合理期间内办理土地变更手续或者解除权利负担;逾期未办理或者未解除的,法院应当认定出资人未依法全面履行出资义务。

[法条链接]《公司法解释(三)》第8条(土地使用权出资)。

2. 股权出资:出资人以其对另一公司享有的股权作为出资用以设立公司。

(1)股权出资的条件:①出资的股权由出资人合法持有并依法可以转让;②出资

的股权无权利瑕疵或者权利负担；③出资人已履行关于股权转让的法定手续；④出资的股权已依法进行了价值评估。

（2）股权出资瑕疵的处理

❶股权出资不满足上述前三项条件，公司、其他股东或者公司债权人请求认定出资人未履行出资义务的，法院应当责令该出资人在指定的合理期间内采取补正措施，以符合上述条件；逾期未补正的，法院应当认定其未依法全面履行出资义务。

❷股权出资时未依法评估作价，公司、其他股东或者公司债权人请求认定出资人未履行出资义务的，法院应当委托具有合法资格的评估机构对该财产评估作价。评估确定的价额显著低于公司章程所定价额的，法院应当认定出资人未依法全面履行出资义务。

一招制敌 股权出资条件＝无权利瑕疵＋无权利负担＋办理转让手续。

[法条链接]《公司法解释（三）》第9条，第11条第1、2款（股权出资）。

3. 债权出资

根据《民法典》第545条第1款的规定，债权人可以将债权的全部或者部分转让给第三人。故股东以其持有的债权出资，相当于将债权转让给受让人（公司），符合《民法典》第545~548条规定的"债权转让"规则的，属于合法的出资方式。

迷你案例

案情：张某、高某等人计划设立萱草食品有限责任公司，按照公司设立协议，张某以其持有的A房地产开发有限责任公司20%的股权作为其出资。

问1：A公司章程对该公司股权是否可用作对其他公司的出资方式没有明确规定。张某能否全面履行其出资义务？（3分）

答案：能。（1分）有限责任公司强调意思自治，因A公司章程"没有明确规定"，表明其章程并不禁止，故不影响张某以其持有的股权出资设立其他公司。（2分）

问2：张某以其股权作为出资设立萱草公司时，A公司的另一股东甲已主张行使优先购买权。张某能否全面履行其出资义务？（3分）

答案：不能。（1分）以股权出资需要履行关于股权转让的法定手续，即A公司其他股东放弃优先购买权的，张某的股权才能转让给萱草公司。（2分）

问3：若张某是A公司股东，按A公司章程规定，应在2022年5月缴足全部出资。2020年12月，张某以其持有的A公司60%的股权作为出资与高某等人共同设立萱草公司。张某出资的股权是否构成权利瑕疵？（3分）

答案：不构成。（1分）在认缴资本制下，承认股东出资的期限利益（2分），所以不能认定未届出资期限股东出资的股权有瑕疵。

考点 014 禁止出资以及非法定出资形式

1. 不得作为出资的事项：股东不得以劳务、信用、自然人姓名、商誉、特许经营权、设定担保的财产等作价出资。
2. 法律未明确规定的，其他可以用货币估价并可以依法转让的非货币财产，可作价出资。
3. 法律对数据、网络虚拟财产的权属等有规定的，股东可以按照规定用数据、网络虚拟财产作价出资。

[法条链接]《公司登记管理实施办法》第 6 条第 1 款。

迷你案例

案情：厚大公司成立于 2013 年。2022 年，厚大公司将之前归其所有的甲公司的净资产，经会计师事务所评估后作价 100 万元用于出资设立萱草公司，这部分资产实际交付给萱草公司使用。

问题：厚大公司以净资产出资是否有效？为什么？（4 分）

答案：有效。（1 分）尽管净资产在我国《公司法》中没有被规定为出资方式，但《公司法》第 48 条第 1 款规定，允许股东用可以用货币估价并可以依法转让的非货币财产作价出资。（1 分）本案中，该净资产本来归厚大公司所有且经过评估作价，并且该净资产已经由萱草公司实际占有和使用，即完成了交付，符合"可以用货币估价并可以依法转让"的要求，应当认定厚大公司履行了出资义务。（2 分）

二、股东违反出资义务的认定 ★★★

[法条链接]《公司法》

第 49 条第 1 款 股东应当按期足额缴纳公司章程规定的各自所认缴的出资额。

第 53 条第 1 款 公司成立后，股东不得抽逃出资。

考点 015 未按期足额缴纳出资

下列情形，均构成违反出资义务：
1. 股东以货币出资的，未将货币出资足额存入有限责任公司在银行开设的账户。
2. 股东以非货币财产出资的，未依法办理其财产权的转移手续。
3. 作为出资的非货币财产的实际价额显著低于所认缴的出资额。

但是，出资人出资后因市场变化或者其他客观因素导致出资财产贬值的，不构成出资瑕疵，该出资人无需承担补足出资责任；当事人另有约定的除外。

[法条链接]《公司法》第 49 条第 2 款；《公司法解释（三）》第 15 条。

考点 016 抽逃出资

抽逃出资，是指未经法定程序将出资抽回的行为。（严格来说，抽逃出资不属于"出资"环节，因其在公司成立后抽逃，属于损害公司法人的财产权。但因处理规则类似，所以本书一起介绍。）

1. 公司成立后，股东的行为符合下列情形之一且损害公司权益的，可以认定该股东抽逃出资：①制作虚假财务会计报表虚增利润进行分配；②通过虚构债权债务关系将其出资转出；③利用关联交易将出资转出；④其他未经法定程序将出资抽回的行为。

[法条链接]《公司法解释（三）》第12条。

2. 第三人代垫资金协助发起人设立公司的，垫资人无需对股东抽逃出资承担连带责任。（2014年修正的《公司法解释（三）》取消了代垫出资人的连带责任）

迷你案例

1. 案情：2011年，甲、乙、丙共同投资设立萱草公司，公司注册资本为2000万元。其中，丙将其对A房地产开发有限责任公司所持股权折价成260万元作为出资方式，经验资后办理了股权转让手续。2021年，A公司资金链断裂，并被法院受理了破产申请，各股东包括丙的股权价值几乎为零。

问题：评价丙对萱草公司的股权出资的效力。（4分）

答案：丙的股权出资有效，仍然享有萱草公司的股权。（1分）

因市场变化或者其他客观因素导致股东出资财产贬值的，根据《公司法解释（三）》第15条的规定，不能否定其出资效力。（1分）本案中，丙以其对A公司的股权出资时，A公司并未陷入破产，并且丙已经办理了股权转让手续，符合股权出资的条件。（1分）之后该部分股权贬值，并非设立萱草公司时丙虚假出资，不能否认丙出资的合法性。（1分）（提示：需要写明两个关键时间点：①公司设立的时间点；②出资贬值的时间点。）

2. 案情：2018年1月8日，萱草公司登记成立。甲的出资是一套办公家具，章程记载其价值为30万元。后经公司多方核查，该套家具在2018年1月初市值12万元，但至2021年8月时仅值8万元。

问题：甲应当承担多少金额的补足出资责任？为什么？（4分）

答案：甲应当承担18万元的补足出资责任。（1分）甲在设立公司时出资的非货币财产实际价额为12万元，显著低于章程所定价额30万元，所以甲应当补足18万元。（1分）至于该套家具至2021年8月再贬值，属于因市场变化或者其他客观因素导致的出资财产贬值（2分），股东甲无需对该部分承担补足出资责任。[此为融合型写法，从案情（小前提）出发，在分析中写明法律规则（大前提）]

三、股东违反出资义务的处理 ★★★

> **考查角度**
>
> 1. 对出资瑕疵股东的处理以及限权措施合法性的认定。常结合是否违反出资义务的定性考查，要求考生提出处理方案。
> 2. 股东出资瑕疵的处理规则，一般要从以下三个方面考虑：
>   (1) 对公司的责任；
>   (2) 对公司债权人的责任；
>   (3) 对该股东的限权。
>   虽然并非每个案例均要完整回答上述内容（具体选取哪些方面来作答，要看案情和问题），但思考该类问题的边界通常是上述三个方面。

考点 017 股东对公司的责任

	适用情形	处理
公司设立时出资瑕疵	有限责任公司设立时，股东未按照公司章程规定实际缴纳出资，或者实际出资的非货币财产的实际价额显著低于所认缴的出资额。	设立时的其他股东与该股东在出资不足的范围内承担连带责任。
未按期足额缴纳出资	股东未按期足额缴纳公司章程规定的出资。（例如，公司成立后，股东未按期履行后续的出资义务）	(1) 该股东除应当向公司足额缴纳外，还应当对给公司造成的损失承担赔偿责任； (2) 董事会的催缴义务：有限责任公司成立后，董事会应当对股东的出资情况进行核查，发现股东未按期足额缴纳公司章程规定的出资的，应当由公司向该股东发出书面催缴书，催缴出资；（见下文"股东失权"） (3) 未及时履行前述义务，给公司造成损失的，负有责任的董事应当承担赔偿责任。
抽逃出资	公司成立后，股东抽逃出资。	(1) 股东应当返还抽逃的出资； (2) 给公司造成损失的，负有责任的董事、监事、高级管理人员应当与该股东承担连带赔偿责任。
未届出资期限	公司不能清偿到期债务，但股东认缴出资尚未到期。	公司或者已到期债权的债权人有权要求已认缴出资但未届出资期限的股东提前缴纳出资。（出资加速到期）

[法条链接]《公司法》第 50 条、第 51 条（董事会催缴义务）、第 53 条第 2 款（抽逃出资）、第 54 条（出资加速到期）。

考点 018 股东对公司债权人的责任

1. 未按期足额履行出资义务股东的责任

（1）公司债权人请求未履行或者未全面履行出资义务的股东在未出资本息范围内对公司债务不能清偿的部分承担补充赔偿责任的，人民法院应予支持；

（2）未履行或者未全面履行出资义务的股东已经承担上述责任，其他债权人提出相同请求的，人民法院不予支持。

[法条链接]《公司法解释（三）》第 13 条第 2 款。

2. 抽逃出资股东的责任

（1）公司债权人请求抽逃出资的股东在抽逃出资本息范围内对公司债务不能清偿的部分承担补充赔偿责任的，人民法院应予支持；

（2）协助抽逃出资的其他股东董事、高级管理人员或者实际控制人对此承担连带责任；

（3）抽逃出资的股东已经承担上述责任，其他债权人提出相同请求的，人民法院不予支持。

[法条链接]《公司法解释（三）》第 14 条第 2 款。

3. 争议问题

> 公司不能清偿到期债务的，债权人能否直接要求未届出资期限的股东承担补充赔偿责任？

提示 截至 2025 年 3 月本书修订，《公司法》关于债务清偿方面的司法解释仍未出台。就公司不能清偿到期债务，对未届出资期限的股东是采用"入库规则"（《公司法》第 54 条），抑或是"直接向债权人清偿规则"（《九民纪要》第 6 点），仍存在较大争论，尚未达成一致意见。目前法院在审判实务中的主导意见是，在《公司法》相关司法解释出台之前，按照《九民纪要》（法〔2019〕254 号）的精神处理；一旦《公司法》相关司法解释出台，则不应当适用《九民纪要》，而是根据《公司法》相关司法解释的规定作出处理。

所以，提请同学们注意，在 2025 年备考阶段，要实时关注是否颁布了《公司法》相关司法解释。

[法条链接]《公司法》第 54 条　公司不能清偿到期债务的，公司或者已到期债权的债权人有权要求已认缴出资但未届出资期限的股东提前缴纳出资。

《九民纪要》第 6 点　在注册资本认缴制下，股东依法享有期限利益。债权人以公司不能清偿到期债务为由，请求未届出资期限的股东在未出资范围内对公司不能清偿的债务承担补充赔偿责任的，人民法院不予支持。但是，下列情形除外：

（1）公司作为被执行人的案件，人民法院穷尽执行措施无财产可供执行，已具备破产原因，但不申请破产的；

（2）在公司债务产生后，公司股东会决议或以其他方式延长股东出资期限的。

[观点一，入库规则]

依据该规则，债权人不能直接要求未届出资期限的股东向自己承担补充赔偿责任。

由《公司法》第 54 条的文本意思可知，到期债权人只能要求股东向公司"提前缴纳出资"，该条并未赋予债权人请求股东承担补充赔偿责任的权利。学者称其为"入库规则"，认为立法取向从保护出资期限利益，转向保障公司资本充实。其理由包括：①股东出资并非以保护债权人利益为唯一目标。②如果单从债权人利益保护的角度出发，《公司法》第 54 条应该直接规定"债权人可请求未届出资期限的股东在未出资范围内对公司不能清偿的债务承担补充赔偿责任"。但是《公司法》没有这样规定，仅规定股东出资加速到期，用以充实公司的责任财产。那么，下一步，债权人应当向公司主张清偿责任。这种处理符合"公司是独立法人，公司财产独立担责"这一公司法的基本原理。

[观点二，直接向债权人清偿规则]

依据该规则，债权人有权直接要求未届出资期限股东向自己承担补充赔偿责任。

该观点的依据为民法"债权人代位权"理论。《民法典》第 535 条第 1 款规定："因债务人怠于行使其债权或者与该债权有关的从权利，影响债权人的到期债权实现的，债权人可以向人民法院请求以自己的名义代位行使债务人对相对人的权利，但是该权利专属于债务人自身的除外。"上述《九民纪要》第 6 点即是"债权人代位权"理论在出资问题上的延伸。公司不能清偿到期债务时，债权人可对未届出资期限的股东行使"代位权"，根据《民法典》第 537 条的规定采取"直接清偿"规则："人民法院认定代位权成立的，由债务人的相对人向债权人履行义务……"

综上所述：

（1）《公司法》第 54 条的文本意思为，加速到期的股东出资应缴纳给公司，再由公司向债权人清偿。该条并未赋予合格债权人直接向未届出资期限的股东追索的权利。

（2）《九民纪要》第 6 点的文本意思为，赋予合格债权人直接向未届出资期限的股东追索的权利。

考点 019　出资不适用诉讼时效抗辩

1. 公司股东未履行或者未全面履行出资义务或者抽逃出资，公司或者其他股东请求其向公司全面履行出资义务或者返还出资的，被告股东不得以诉讼时效为由进行抗辩。

2. 公司债权人的债权未过诉讼时效期间（即债权合法、有效），当公司不能清偿到期债务时，债权人请求未履行或者未全面履行出资义务或者抽逃出资的股东承担赔偿责任的，被告股东不得以出资义务或者返还出资义务超过诉讼时效期间为由进行抗辩。

3. 公司债权人请求股东对公司债务承担连带清偿责任，股东以公司债权人对公司的债权已经超过诉讼时效期间为由抗辩，经查证属实的，法院依法予以支持。

一招制敌 只要是股东，出资义务就不得免除。

[法条链接]《公司法解释（三）》第19条；《九民纪要》第16点第1款。

考点 020 对股东权利的限制：股东失权

1. 前提：股东未按照公司章程规定的出资日期缴纳出资的，由公司发出书面催缴书催缴出资。催缴书可以载明缴纳出资的宽限期；宽限期自公司发出催缴书之日起，不得少于60日。

2. 措施：宽限期届满，股东仍未履行出资义务的，公司经董事会决议可以向该股东发出失权通知，通知应当以书面形式发出。自通知发出之日起，该股东丧失其未缴纳出资的股权。

3. 后果：丧失的股权应当依法转让，或者相应减少注册资本并注销该股权；6个月内未转让或者注销的，由公司其他股东按照其出资比例足额缴纳相应出资。

4. 股东救济措施：股东对失权有异议的，应当自接到失权通知之日起30日内，向法院提起诉讼。

[法条链接]《公司法》第52条。

考点 021 股东除名

1. 前提：股东未履行出资义务或者抽逃全部出资，且经公司催告缴纳或者返还，其在合理期间内仍未缴纳或者返还出资。

2. 措施：①公司可以以股东会决议解除该股东的股东资格；②公司应当及时办理法定减资程序或者由其他股东或第三人缴纳相应的出资。

3. 后果：在办理法定减资程序或者其他股东或第三人缴纳相应的出资之前，公司债权人可请求相关当事人承担相应责任。

提示 股东魏某承诺一次性出资10万元，现仅出资1万元，此为"未全面履行"出资义务，可对其限制财产权，对其未缴纳出资对应的股权除权，但不可将其除名；如果魏某一分钱都没有出，此为"未履行"出资义务，既可对其限权，也可经催告后将其除名。

[法条链接]《公司法解释（三）》第17条。

迷你案例

1. 案情：萱草公司于2021年5月成立，股东罗某认为公司刚成立没有业务，不需要这么多现金，便在2021年6月通过在银行工作的朋友马某将出资款100万元转入其个人理财账户。

问1：罗某的行为是否构成抽逃出资？（3分）

答案：构成。（1分）罗某通过其银行熟人，未经法定程序将出资抽回，构成抽逃出资。（2分）

问2：马某是否要和罗某一起对萱草公司承担连带责任？（3分）

答案：需要。（1分）公司账户和个人账户是分离的，罗某的出资应存入萱草公司的账户。马某是银行工作人员，对上述规定明知。罗某和马某将出资转出，共同侵犯了萱草公司的法人财产权，应当承担连带责任。（2分）

2. 案情：萱草公司出资1亿元现金入股甲公司，并办理了股权登记。萱草公司总经理高某兼任甲公司董事长。2022年12月，萱草公司在高某的授意下将当时出资的1亿元现金全部转入萱草公司旗下的乙公司账户用于投资房地产。其他股东得知此事后召开股东会。该次股东会未催告萱草公司返还出资款，直接作出解除萱草公司股东资格的决议。

问题：该股东会决议的效力如何确定？为什么？（4分）

答案：决议无效。（1分）股东除名或失权，公司均要履行催告义务并给股东留出合理缴纳期间。（2分）本案中，股东会未催告萱草公司返还出资款即作出除名决议，属于决议内容违法（1分），是无效决议。

这个世界的大部分传奇，
不过是普普通通的人们将心意化作了行动而已。

致奋进中的你

04 股东的资格

一、股东资格的取得与确认纠纷 ★★★

股东,是指向公司出资,持有公司股份、享有股东权利和承担股东义务的人。股东可以是自然人、法人、非法人组织,还可以是国家。

考点 022　公司相关文件和股东资格的关系

1. 出资证明书

（1）有限责任公司成立后,应当向股东签发出资证明书。出资证明书的性质为"证权证书"。

（2）出资证明书与股东资格没有必然关系。

因为出资只是获得股东资格的方式之一,还可以通过转让、继承等方式取得股东资格。所以,出资瑕疵不能成为否定股东资格的理由,只要没有经合法程序剥夺该人的股东资格（除名）,其仍是公司股东。

2. 股东名册

（1）有限责任公司应当置备股东名册。股东名册是股东身份或资格的法定证明文件。

（2）记载于股东名册的股东,可以依股东名册主张行使股东权利。

3. 公司登记

（1）公司应当将股东的姓名或者名称向公司登记机关登记；公司登记事项发生变更的,应当依法办理变更登记。

（2）公司登记事项未经登记或者未经变更登记,不得对抗善意相对人。

未经公司登记不得否定股东资格,因为公司登记只具有程序性意义,但是基于登记的公信力,该记载具有对抗效力。

一招制敌　当股东身份相关证据发生冲突时,以"股东名册"的记载为准。

[法条链接]《公司法》第34条（公司登记）、第55条第1款（出资证明书）、第56条（股东名册）。

考点 023 股权归属争议的解决

考查角度

1. 判断某人和公司的法律关系，能否确认该人是公司股东。
2. 实务中，关于股东资格的认定，因为证据不充分等常有争议，属于常见高频考点。

1. 实务中常会出现公司内部没有任何关于股东身份记载的情况，此时的股东身份认定较为复杂，需要综合案情所给条件加以判断。

例如，没有向出资人签发出资证明书，没有将出资人的姓名记载于股东名册，并且公司没有办理股东变更登记。

依据《公司法解释（三）》第22条的规定，当事人之间对股权归属发生争议，一方请求法院确认其享有股权的，应当证明以下事实之一：

（1）已经依法向公司出资或者认缴出资，且不违反法律法规强制性规定；
（2）已经受让或者以其他形式继受公司股权，且不违反法律法规强制性规定。

2. 请求确认股东资格的诉讼，应当以公司为被告，与案件争议股权有利害关系的人作为第三人参加诉讼。

3. 当事人依法履行出资义务或者依法继受取得股权后，公司未依规定签发出资证明书、记载于股东名册并办理公司登记机关登记，当事人可请求公司履行上述义务。

一招制敌 请求确认享有股权的，应当证明已经向公司出资或者认缴出资。

[法条链接]《公司法解释（三）》第21~23条。

迷你案例

案情：A公司拟增资扩股，遂与外人丙协商，由丙出资510万元，享有公司30%股权。丙将款项打入了A公司账户，A公司会计凭证记载为"实收资本"。但A公司并未发给丙出资证明书，股东名册也未记载丙，且未变更公司登记中的注册资本和股东事项。之后，丙以A公司董事长的身份出席活动并剪彩，还多次参加A公司股东会，讨论公司经营管理事宜。[改编自最高人民法院（2014）民提字第00054号民事判决书——万家裕、丽江宏瑞水电开发有限责任公司股东资格确认纠纷审判监督案]

问题：丙和A公司形成何种法律关系？（5分）

答案：丙是A公司的股东，形成股权法律关系。（1分）

股东身份的确认应根据当事人的出资情况以及股东身份是否以一定的形式为公众所知等因素进行综合判断。（2分）本案中，丙多次参加A公司股东会，讨论公司经营管理事

宜，并且 A 公司记载丙的款项为"实收资本"，即使 A 公司没有将丙记载于"股东名册"、没有"办理变更登记"，但相关证据仍可认定丙"具有股东资格"。(2 分)

二、名义股东与实际出资人纠纷 ★★★

我国《公司法》规范的是有限责任公司的代持股关系。

名义股东（显名股东），是指登记于股东名册及公司登记机关的登记文件，但事实上并没有向公司出资的人。形式上，名义股东是公司的股东。

实际出资人（实际股东、隐名股东），是指实际出资并实际享有股东权利，但其姓名或者名称并未记载于公司股东名册及公司登记机关的登记文件的人，即公司的真实出资人。

例如，大栗拟向萱草有限责任公司出资，但因其是知名演员，为避免纠纷，便与妹妹小栗签订协议，约定大栗每年支付给小栗 5000 元管理费，由小栗出面投资萱草公司，但出资款 100 万元由大栗出，并且在萱草公司的投资收益均归大栗。则大栗是实际出资人，小栗是名义股东。

考点 024　实际出资人和名义股东的关系

1. 代持股协议的效力

有限责任公司的实际出资人与名义出资人订立合同，约定由实际出资人出资并享有投资权益，以名义出资人为名义股东，双方对该合同效力发生争议的，如无法律规定的无效情形，该合同有效。

2. 投资权益归属的争议

（1）实际出资人可以其实际履行了出资义务为由向名义股东主张权利；

（2）名义股东不可以公司股东名册记载、公司登记机关登记为由否认实际出资人权利。

[法条链接]《公司法解释（三）》第 24 条第 1、2 款。

考点 025　实际出资人和公司的关系（实际出资人显名的条件）

1. [原则] 实际出资人不能以其实际出资的事实，主张自己是公司的股东。

根据股权代持理论，股权代持协议只能约束签订协议的双方，对合同以外的第三人没有约束力。实际出资人不能仅基于股权代持事实直接向公司主张权利，其还应满足向公司实缴出资或认缴出资以及加入公司的其他条件，请求法院确认自己享有股权的主张才可得到支持。所以，《公司法解释（三）》第 24 条第 3 款规定："实际出资人未经公司其他股东半数以上同意，请求公司变更股东、签发出资证明书、记载于股东名册、记载于公司章程并办理公司登记机关登记的，人民法院不予支持。"

2. [例外] 实际出资人能够提供证据证明有限责任公司过半数的其他股东知道其实际出资的事实，且对其实际行使股东权利未曾提出异议的，对实际出资人提出的登记为公司股东的请求，法院依法予以支持。

[法条链接]《公司法解释（三）》第24条第3款；《九民纪要》第28点。

考点 026 名义股东和第三人的关系

1. 名义股东处分代持股权

在名义股东未经实际出资人同意，将登记于其名下的代持股权转让、质押或者以其他方式处分时：

（1）定性：名义股东处分股权的行为应定性为"有权处分"[1]。因为代持法律关系已被《公司法》所认可，并且相对于公司而言，名义股东因为记载于股东名册，可认定其是公司股东。该处法条的措辞是"参照民法典第311条的规定处理"，说明仅是借用了"善意取得"的处理手段，但定性仍为"有权处分"。

（2）处理：受让人取得股东资格，需要满足"善意取得"的条件。

这是为了兼顾"实际出资人"的利益，处理时仍要求受让人满足"善意取得"的条件。

（3）责任：在受让人善意取得的情况下，名义股东处分股权造成实际出资人损失的，实际出资人可以请求名义股东承担赔偿责任。

[法条链接]《公司法解释（三）》第25条。

2. 名义股东和公司债权人的关系

（1）公司债权人有权以登记于公司登记机关的股东（即名义股东）未履行出资义务为由，请求其对公司债务不能清偿的部分在未出资本息范围内承担补充赔偿责任；

（2）名义股东承担赔偿责任后，可以向实际出资人追偿。

一招制敌 掌握"内外有别"：内部关系依据代持协议解决；在和公司债权人的关系上，名义股东为真正的股东。

[法条链接]《公司法解释（三）》第26条。

3. 争议问题

> 名义股东的债权人能否申请强制执行名义股东代持的股权？

司法实践中有下述两种截然不同的观点：

---

[1] 说明：此处定性在理论上仍有争议，另一观点认为应定性为"无权处分"，但2012年司考真题（2012/3/94）的答案是"有权处分"，故本书采用"有权处分"观点。

观点一

根据《公司法》第34条第2款"公司登记事项未经登记或者未经变更登记，不得对抗善意相对人"的规定和商事外观主义原则，股权代持协议只能约束签订协议的双方，对合同以外的第三人没有约束力。第三人有权信赖公司登记对股东的形式记载，并可据此请求法院强制执行登记的股东名下的股权。故对实际出资人（案外人）提出的执行异议，法院不应支持。[参见（2016）最高法民申3132号《王仁岐与刘爱苹、詹志才等申诉、申请民事裁定书》]

VS

观点二

根据《公司法解释（三）》第25条第1款的规定，股权善意取得制度的适用主体仅限于与名义股东存在股权交易的第三人。据此，商事外观主义原则的适用范围不包括非交易的第三人。如果名义股东的债权人仅仅因为债务纠纷而寻查名义股东的财产还债，则并无信赖利益保护的需要。若适用商事外观主义原则，将实质权利本应属于实际出资人的股权用以清偿名义股东的债务，将严重侵犯实际出资人的合法权益。所以，法院应当支持实际出资人的执行异议。[参见（2015）民申字第2381号《中国银行股份有限公司西安南郊支行、上海华冠投资有限公司申请执行人执行异议之诉再审审查与审判监督民事裁定书》]

迷你案例

1. 案情： 李贝名为A公司股东，但实际上是受刘宝之托代其持股，李贝向A公司缴纳的100万元出资，实际上来源于刘宝。2013年3月，在其他股东的同意下，李贝将其名下股权转让给善意不知情的潘龙，并在公司登记中办理了相应的股东变更。(2014年司考真题)

问题： 李贝能否以自己并非真正的股东为由，主张对潘龙的股权转让行为无效？为什么？（3分）

答案： 不能，该股权转让行为有效。（1分）

名义股东将登记于其名下的股权转让的，参照"善意取得"的规定处理。（1分）本案中，李贝虽为名义股东，但在对公司的关系上为真正的股东，其对股权的处分应为有权处分。股权的受让人潘龙主观上系善意并办理了相应的股东变更，符合"善意取得"的条件。（1分）

2. 案情： 成城公司（名义股东）向中国银行借款3000万元，到期未偿还贷款。判决生效后，中行南郊支行向法院申请执行，冻结了成城公司名下渭南信用社1000万股权。

经生效判决书确认，成城公司名下渭南信用社1000万股权属上海华冠公司（实际股东）所有。

现华冠公司以诉争股权所有权人的身份提出执行异议，请求西安中院中止执行成城公司名下渭南信用社1000万股权及股息、红利，并解除对该股权的执行措施。[来源：最高人民法院（2015）民申字第2381号民事裁定书——中国银行股份有限公司西安南郊支行、上海华冠投资有限公司申请执行人执行异议之诉再审审查与审判监督案]

问题： 实际股东华冠公司的执行异议能否得到法院支持？（中行南郊支行是否可以作为

第三人对成城公司名下涉案股权向法院申请强制执行？）（5分）

答案1：能够得到支持。（1分）

股权善意取得制度的适用主体仅限于与名义股东存在股权交易的第三人。据此，商事外观主义原则的适用范围不包括非交易第三人。（2分）

本案中，案涉执行案件申请执行人中行南郊支行并非针对成城公司名下的股权从事交易，仅仅因为债务纠纷而寻查成城公司的财产还债，并无信赖利益保护的需要。（1分）若适用商事外观主义原则，将实质权利属于华冠公司的股权用以清偿成城公司的债务，则将严重侵犯华冠公司的合法权利。（1分）［最高人民法院（2015）民申字第2381号］

答案2：不能得到支持。（1分）

根据《公司法》第34条第2款的规定，公司登记事项未经登记或者未经变更登记，不得对抗善意相对人。该款所称"善意相对人"，并不限缩于与名义股东存在股权交易的债权人，名义股东的非基于股权处分的债权人亦应属于法律保护的"相对人"的范畴。（2分）

本案中，股权代持协议仅具有内部效力，对于外部第三人而言，股权登记具有公信力（1分），实际股东（华冠公司）对外不具有公示股东的法律地位，不得以内部股权代持协议有效为由对抗外部债权人（中行）对名义股东（成城公司）的正当权利（1分）。［（2016）最高法民申3132号］

三、其他股东资格纠纷

考点 027 冒名出资的认定和处理 ★

> **考查角度** 在冒名法律关系中，分析"冒名者"与"被冒名者"和公司的关系（谁是股东）；如果出现出资违约等情形，判断由何人承担责任。

冒名股东，是指冒用他人名义出资并将该他人作为股东在公司登记机关登记，被冒名人对此不知情。例如，大栗偷了小栗的身份证，以小栗的名义设立公司，但公司实际出资人和运营人均是大栗。

对冒名行为的处理：

1. 冒用他人名义出资并将该他人作为股东在公司登记机关登记的，冒名登记行为人应当承担相应责任。

2. 公司、其他股东或者公司债权人以未履行出资义务为由，请求被冒名登记为股东的承担补足出资责任或者对公司债务不能清偿部分的赔偿责任的，法院不予支持。

一招制敌 牢记"被冒名者无权无责"。

[法条链接]《公司法解释（三）》第28条。

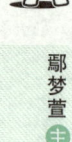

迷你案例

案情： 萱草公司的销售总经理大栗准备利用其在萱草公司的客户资源设立B公司，但为防止萱草公司发现自己的行为，便用原来在本单位工作但已经离职的小栗留存的身份信息等材料，将自己在B公司的股权登记在小栗名下，小栗对此毫不知情。8年后，大栗准备将在B公司的股权转让套现，但此时股权转让程序趋于严格，当地工商部门要求核验股东信息，此时小栗才发现自己被登记为B公司的股东。

问题： 小栗能否以自己被登记于B公司股东名册为由，主张自己参与B公司股东会并进行表决？小栗是否要对B公司不能清偿的债务承担责任？(3分)

答案： 小栗不能行使股东权，也无需对B公司的债务承担责任。(1分)

冒用他人名义出资并将该他人作为股东在公司登记机关登记的，冒名登记行为人应当承担相应责任。(1分) 本案中，大栗为冒名登记行为人，其和B公司因出资形成股权法律关系；小栗为被冒名登记人，和B公司未形成法律关系，既不享有股东权利，也无需承担股东义务。(1分)

考点 028 股权无权处分的认定和责任承担 ★★★

考查角度》 在"一股二卖"法律关系中，运用民法"无权处分，善意取得"的规则，分析谁是公司股东。

1. 股权无权转让的认定

股权无权转让，是指股权转让后尚未向公司登记机关办理变更登记，但原股东将仍登记于其名下的股权转让、质押或者以其他方式处分的行为。

例如，股东A将其股权转让给B，该次交易已完成，但公司未办理股东变更登记，该股权仍登记在A名下。之后，A又将上述股权转让给了C。

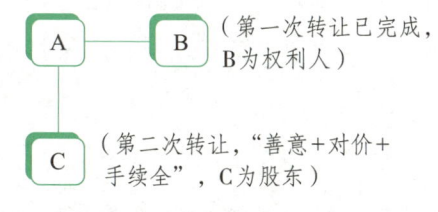

```
A — B   （第一次转让已完成，B为权利人）

C       （第二次转让，"善意+对价+手续全"，C为股东）
```

A ▶ 原股东（转让股东）
B ▶ 受让股东（真正的权利人）
C ▶ 第二次受让人

2. 股权无权转让行为的处理

（1）第二次处分行为，参照《民法典》第311条"善意取得制度"的规定处理。第二次受让人（C）如果满足"善意+对价+手续全"，则享有股东权；如果不符合"善意取得"的条件，则不享有股东权。

（2）原股东（A）处分股权造成受让股东（B）损失，受让股东（B）请求原股东

（A）承担赔偿责任、对于未及时办理变更登记有过错的董事、高级管理人员或者实际控制人承担相应责任的，法院应予支持。

（3）受让股东（B）对于未及时办理变更登记也有过错的，可以适当减轻上述董事、高级管理人员或者实际控制人的责任。

[法条链接]《公司法解释（三）》第27条。

05 有限责任公司股东的权利和义务

[法条链接]《公司法》第 4 条第 2 款　公司股东对公司依法享有资产收益、参与重大决策和选择管理者等权利。

一、股东的查阅、复制权（知情权）★★★

> **考查角度》** 股东可以查阅、复制公司文件的内容；判断公司拒绝股东查账的理由是否正当。

考点 029　可查阅、复制相关资料的范围

1. 股东有权查阅、复制公司章程、股东名册、股东会会议记录、董事会会议决议、监事会会议决议和财务会计报告。
2. 股东可以要求查阅公司会计账簿、会计凭证。
3. 股东有权查阅、复制公司全资子公司上述相关材料。
4. 公司章程、股东之间的协议等，不可实质性剥夺股东依据《公司法》规定查阅或者复制公司文件材料的权利。

例如，某公司章程规定"不足 5% 表决权的股东，无权查阅、复制公司相关文件"，则该章程条款无效，该公司小股东仍有查阅、复制权。

考点 030　查阅公司会计账簿、会计凭证的特殊规则

1. 程序要求
（1）股东应当向公司提出书面请求，说明目的；
（2）公司有合理根据认为股东查阅会计账簿、会计凭证有不正当目的，可能损害公司合法利益的，可以拒绝提供查阅，并应当自股东提出书面请求之日起 15 日内书面答复股东并说明理由；
（3）公司拒绝提供查阅的，股东可以向法院提起诉讼。

2. "不正当目的"的判断
（1）股东自营或者为他人经营与公司主营业务有实质性竞争关系业务的，但公司

章程另有规定或者全体股东另有约定的除外；

（2）股东为了向他人通报有关信息查阅公司会计账簿，可能损害公司合法利益的；

（3）股东在向公司提出查阅请求之日前的3年内，曾通过查阅公司会计账簿，向他人通报有关信息损害公司合法利益的；

（4）股东有不正当目的的其他情形。

一招制敌 公司仅可以"不正当目的"为由拒绝股东查账。

[法条链接]《公司法》第57条第2款；《公司法解释（四）》第8条。

考点 031 查阅、复制权诉讼

股东依法起诉请求查阅或者复制公司特定文件材料的，法院应当依法予以受理。该类诉讼中要注意下列要点：

1. 诉讼主体

（1）原告在起诉时需具有公司股东资格，否则法院应当驳回起诉。被告为"公司"。

（2）但是，原告有初步证据证明在持股期间其合法权益受到损害，请求依法查阅或者复制其持股期间的公司特定文件材料的除外。

[法条链接]《公司法解释（四）》第7条第2款。

2. 赔偿责任

（1）股东行使知情权后泄露公司商业秘密导致公司合法利益受到损害的，公司可请求该股东赔偿相关损失；

（2）依法辅助股东查阅公司文件材料的会计师、律师等泄露公司商业秘密导致公司合法利益受到损害的，公司可请求其赔偿相关损失；

（3）公司董事、高级管理人员等未依法履行职责，导致公司未依法制作或者保存相关公司文件材料，给股东造成损失的，股东可依法请求负有相应责任的公司董事、高级管理人员承担民事赔偿责任。

[法条链接]《公司法解释（四）》第11、12条。

迷你案例

案情：萱草有限责任公司于2016年成立后，没有给股东发过一次红利并对外拖欠大量债务。2021年5月，大栗认为萱草公司没有前景，便将其股权卖给外人甲。2023年6月，大栗在另一起诉讼中得知，萱草公司过去若干年经营情况非常好，但大股东兼董事长魏某隐匿营业收入并转移公司财产。

问题：大栗能否要求查阅2021年5月之后的公司会计账簿？（2分）

答案：不能。（1分）但大栗有权查阅2021年5月之前的公司会计账簿。（1分）

二、股东的利润分配请求权（分红权）★★★

考查 角度

1. 计算股东可以分得的红利。
2. 分红权的诉讼规则更加重要，常与之结合考查公司分红决议的效力。

考点 032 股东分配利润的顺序和时间

1. 依据实缴比例分配

公司弥补亏损和提取公积金后所余税后利润，有限责任公司按照股东实缴的出资比例分配利润，全体股东约定不按照出资比例分配利润的除外。

2. 公司分配利润的时间

股东会作出分配利润的决议的，董事会应当在股东会决议作出之日起 6 个月内进行分配。

[法条链接]《公司法》第 210 条第 4 款、第 212 条。

考点 033 利润分配请求权的诉讼规则

原则

法院不得强制判决分红。

股东提起请求公司分配利润的诉讼时，需要提交有效的分红决议，法院不得强制判决分红。
1. 股东提交载明具体分配方案的股东会的有效决议，请求公司分配利润，公司拒绝分配利润且其关于无法执行决议的抗辩理由不成立的，法院应当判决公司按照决议载明的具体分配方案向股东分配利润。
2. 股东未提交载明具体分配方案的股东会决议，请求公司分配利润的，法院应当驳回其诉讼请求。

例外

违反法律规定滥用股东权利导致公司不分配利润，给其他股东造成损失的，法院可以判决公司分红。

[法条链接]《公司法解释（四）》第 14、15 条。

迷你案例

案情：萱草公司注册资本为 100 万元，约定甲、乙、丙各按 20%、30%、50% 的比例一次性缴纳出资。后甲、乙缴足了出资，丙仅缴纳 30 万元。公司章程对于红利分配没有特别约定。2022 年，萱草公司拟定分红总额为 10 万元。

问题：2022 年分红时，丙有权分得多少？（3 分）

答案：丙依据实缴出资比例 37.5% 分红，分得 3.75 万元。（1 分）公司实缴注册资本总计 80 万元，丙实际出资为 30 万元，则 30÷80＝37.5%。当年公司分红总额为 10 万元，则丙可获得 3.75 万元。(2 分)

三、股东转让股权的权利★★★

> **考查角度**
> 1. 股权转让的具体规则，包括瑕疵股权转让规则、未届出资期限的股权转让规则。
> 2. 其他股东被损害优先购买权时可采取的救济措施。

考点 034 股权内部转让

1. 有限责任公司的股东之间可以相互转让其全部或者部分股权。
2. 由于股权内部转让不涉及其他人加入公司，故其他股东没有优先购买权。
[法条链接]《公司法》第 84 条第 1 款。

考点 035 股权外部转让

1. 程序要求
（1）股东向股东以外的人转让股权的，应当将股权转让的数量、价格、支付方式和期限等事项书面通知其他股东。
（2）其他股东在同等条件下有优先购买权。
此处的"同等条件"，即上文所述，应当考虑转让股权的数量、价格、支付方式和期限等因素。
（3）2 个以上股东行使优先购买权的，协商确定各自的购买比例；协商不成的，按照转让时各自的出资比例行使优先购买权。
（4）公司章程对股权转让另有规定的，从其规定。
[法条链接]《公司法》第 84 条第 2、3 款；《公司法解释（四）》第 18 条。
2. 无优先购买权的情形
（1）股东之间转让股权的，其他股东无优先购买权。
（2）股权对外转让时，其他股东自接到书面通知之日起 30 日内未答复的，视为放弃优先购买权。
（3）股权对外转让时，转让股东反悔的，其他股东无优先购买权[1]，但公司章程

---

[1] [原理] 在"反悔"的情形下，因没有新股东加入，不会影响"人合性"，故其他股东不能强行购买转让股东的股权。

另有规定或者全体股东另有约定的除外。其他股东可主张转让股东赔偿其合理损失。

（4）自然人股东死亡后，其合法继承人可以继承股东资格。所以，当自然人股东因继承发生变化时，其他股东不可主张优先购买权。但是，公司章程另有规定的除外。

> 提示 死亡继承和离婚导致的股权转让，处理方式完全不同：前者其他股东无优先购买权，后者反之。

[法条链接]《公司法》第84条第1、2款，第90条（继承）；《公司法解释（四）》第20条。

考点 036 股权外部转让，损害其他股东优先购买权的处理

1. 损害优先购买权，是指股东向股东以外的人转让股权，未就其股权转让事项征求其他股东意见，或者以欺诈、恶意串通等手段，损害其他股东优先购买权。

2. 救济手段包括下列要点：

对其他股东的救济	时间	其他股东自知道或者应当知道行使优先购买权的同等条件之日起30日内，并且自股权变更登记之日起1年内主张优先购买权。
	手段	（1）其他股东可主张按照同等条件购买该转让股权； （2）其他股东仅提出确认股权转让合同及股权变动效力等请求，未同时主张按照同等条件购买转让股权的，法院不予支持，但其他股东非因自身原因导致无法行使优先购买权，请求损害赔偿的除外。
对股权受让人的救济	合同效力	股权转让合同如无其他影响合同效力的事由，应当认定为有效。
	违约责任	其他股东行使优先购买权的，虽然股东以外的股权受让人关于继续履行股权转让合同的请求不能得到法院支持，但不影响其依法请求转让股东承担相应的违约责任。

[法条链接]《公司法解释（四）》第21条。

考点 037 瑕疵股权转让、未届出资期限的股权转让

1. 瑕疵股权转让

（1）适用情形：未按照公司章程规定的出资日期缴纳出资或者作为出资的非货币财产的实际价额显著低于所认缴的出资额的股东转让股权。

（2）处理：转让人与受让人在出资不足的范围内承担连带责任；受让人不知道且不应当知道存在上述情形的，由转让人承担责任。

（3）股权受让人是否尽到合理注意义务，实务中通常考虑的因素包括：

01 受让人与出让人之间是否存在特殊的身份关系，如亲属关系

02 受让人在受让股权前是否系标的公司股东或在该公司担任职务

03 股权转让对价是否明显背离正常价值、是否实际按约支付

04 受让人是否尽到了查证公司的经营状况、资产状况，以及交易股权出资状况的义务等

> 例如，股东鄢某过期未足额出资，现将全部股权转让给表弟刘某。按生活经验，应当推定其表弟刘某知情，则二人应当在出资不足的范围内，对第三人承担连带责任。

[法条链接]《公司法》第88条第2款。

2. 未届出资期限的股权转让

（1）适用情形：股东转让已认缴出资但未届出资期限的股权。

（2）处理：由受让人承担缴纳该出资的义务；受让人未按期足额缴纳出资的，转让人对受让人未按期缴纳的出资承担补充责任。

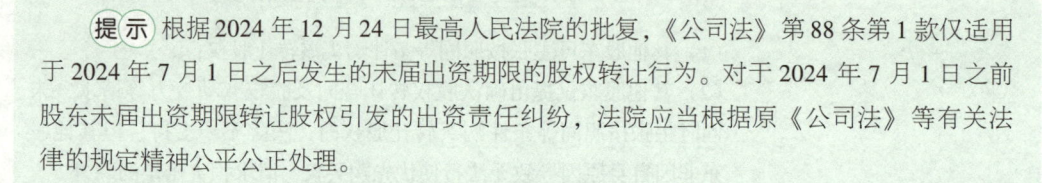

提示 根据2024年12月24日最高人民法院的批复，《公司法》第88条第1款仅适用于2024年7月1日之后发生的未届出资期限的股权转让行为。对于2024年7月1日之前股东未届出资期限转让股权引发的出资责任纠纷，法院应当根据原《公司法》等有关法律的规定精神公平公正处理。

[法条链接]《公司法》第88条第1款。

考点 038 股权被强制执行

股东不能偿还所欠债务的，债权人基于生效法律文书可以请求法院强制执行该股东的股权用以清偿。

1. 法院依照法律规定的强制执行程序转让股东的股权时，应当通知公司及全体股东。

2. 其他股东在同等条件下有优先购买权。

3. 其他股东自法院通知之日起满20日不行使优先购买权的，视为放弃优先购买权。

易错：股权被强制执行的，是由法院通知，而非由股东或债权人通知其他股东。

[法条链接]《公司法》第85条。

考点 039 异议股东请求公司收购（股权纵向收购）

股东请求公司收购，是指出现法定情形时，股东可以请求公司按照合理的价格收

购其股权，以此方式退出公司。

1. 收购情形一：对特定决议投反对票（异议股东收购请求权）

决议类型	不分红决议	公司连续 5 年不向股东分配利润的决议，而公司该 5 年连续盈利，并且符合《公司法》规定的分配利润条件。
	"合分转"决议	公司合并、分立、转让主要财产的决议。
	公司续期决议	公司章程规定的营业期限届满或者章程规定的其他解散事由出现，股东会通过决议修改章程使公司存续。
异议股东的救济	异议股东	其指上述决议已经合法程序表决通过，是有效决议，但对上述决议投反对票的股东。
	先协商，再诉讼	自股东会决议作出之日起 60 日内，股东与公司不能达成股权收购协议的，股东可以自股东会决议作出之日起 90 日内向法院提起诉讼。
公司收购股权后的处理		公司收购的本公司股权，应当在 6 个月内依法转让或者注销。

一招制敌 异议股东可回购情形："55 合分转，该'死'不'死'改章程"。

2. 收购情形二：控股股东侵权导致损失

（1）公司的控股股东滥用股东权利，严重损害公司或者其他股东利益的，其他股东有权请求公司按照合理的价格收购其股权；

（2）公司收购的本公司股权，应当在 6 个月内依法转让或者注销。

[法条链接]《公司法》第 89 条。

考点 040 股权转让的变更程序

1. 股东

（1）股东转让股权的，应当书面通知公司，请求变更股东名册；需要办理变更登记的，并请求公司向公司登记机关办理变更登记。

（2）公司拒绝或者在合理期限内不予答复的，转让人、受让人可以依法向法院提起诉讼。

易错：通知公司和请求公司变更的主体仅包括股权转让人，起诉公司的主体包括股权转让人和受让人。

（3）股权转让的，受让人自记载于股东名册时起可以向公司主张行使股东权利。

2. 公司

（1）转让股权后，公司应当及时注销原股东的出资证明书，向新股东签发出资证明书；

（2）公司应当相应修改公司章程和股东名册中有关股东及其出资额的记载；

（3）对公司章程的该项修改不需再由股东会表决。

[法条链接]《公司法》第86、87条。

迷你案例

案情：甲公司股东分别为老张（占股60%）和张子A（儿子，占股40%）。2018年2月1日，老张向张子A发出《股权转让通知书》，载明："本人自愿以15万元的价格转让1%的股权，30日内书面答复商定转让事宜。逾期将视为同意向他人转让。"张子A表示愿意购买但作价太高，于是放弃。同年3月10日，老张与张子B（另一儿子）签订《股权转让协议一》，以15万元的价格出让1%的股权，并办理了股权变更登记。同年10月10日，老张与张子B签订《股权转让协议二》，以60万元的价格转让给张子B 59%的股权，并办理了股权变更登记（每1%的股权价格约为1万元）。老张也表示第一次股权转让比第二次要价高，目的是让张子B取得股东身份。[改编自江苏省高级人民法院再审（2015）苏商再提字第00068号民事判决书——吴嵌崎与吴汉民确认合同无效纠纷案]

问1：老张和张子B的股权转让合同效力如何？（3分）

答案：无效。（1分）转让股东与第三人恶意串通，恶意规避法律，损害其他股东的优先购买权，违反诚实信用原则，两次股权转让合同均无效。（2分）

问2：张子A可否仅主张上述股权转让合同无效？可否适用诉讼时效3年的规定？张子A可主张何种救济措施？（6分）

答案：（1）张子A不可仅主张上述股权转让合同无效，不可适用诉讼时效3年的规定。（1分）在股权转让法律关系中，既要保护其他股东的优先购买权，又要保护转让股东能够将其持有的股权转让。因此，根据《公司法解释（四）》第21条第1、2款的规定，有限责任公司的股东损害其他股东优先购买权的，其他股东有权主张按照同等条件购买该转让股权。但其他股东仅提出确认股权转让合同及股权变动效力等请求，未同时主张按照同等条件购买转让股权的，人民法院不予支持。（2分）故本案中，虽然老张转让股权的行为损害了张子A的优先购买权，但张子A不可仅主张上述股权转让合同无效，当然不可适用诉讼时效3年的规定。（1分）

（2）张子A可以侵犯自己的优先购买权为由提起诉讼，但该项权利应当自知道或者应当知道行使优先购买权的同等条件之日起30日内，且自股权变更登记之日起1年内行使。（2分）

四、股东代表诉讼权（对内部人损害公司利益的救济程序）★★★

股东代表诉讼，又称派生诉讼、股东代位诉讼，是指当公司的合法权益受到内部人的不法侵害而公司却怠于起诉时，股东以自己的名义起诉，所获赔偿归于公司的一种诉讼制度。它赋予了股东为公司利益而以自己的名义直接向法院提起诉讼的权利。

> **考查角度** 在出现内部人损害公司利益情形时，要求回答股东可以采取何种救济措施。

考点 041 股东代表诉讼的原因

诉讼原因可概括为"**内部人**（可控制公司或者对公司决策能够产生重大影响的人）**损害公司利益**"。具体包括：

1. 董事、监事、高级管理人员侵犯公司合法权益，给公司造成损失

（1）董事、监事、高级管理人员执行职务违反法律、行政法规或者公司章程的规定，给公司造成损失的，应当承担赔偿责任；

（2）公司没有提起诉讼的，符合条件的股东可以提起股东代表诉讼。

2. 他人侵犯公司合法权益，给公司造成损失

（1）关联交易损害公司利益的，公司可请求控股股东、实际控制人、董事、监事、高级管理人员赔偿所造成的损失；公司没有提起诉讼的，符合条件的股东可以提起股东代表诉讼。

（2）关联交易合同存在无效、可撤销或者对公司不发生效力的情形，公司没有起诉合同相对方的，符合条件的股东可以提起股东代表诉讼，起诉合同相对方。

> **易错**：若是外部人损害公司利益，如甲、乙公司签订购销合同，乙公司违约但甲公司未起诉，此时甲公司的股东不能对乙公司提起股东代表诉讼。

[法条链接]《公司法》第188条、第189条第1款；《公司法解释（五）》第1、2条。

迷你案例

案情：大翔为甲有限责任公司的经理，利用职务之便为其弟弟小翔经营的乙公司谋取本来属于甲公司的商业机会，致甲公司损失50万元。甲公司小股东飞侠欲通过诉讼维护公司利益。

问题：小股东飞侠可以采取何种措施？（3分）

答案：可提起股东代表诉讼。（1分）公司利益受到董事、高级管理人员等人损害时，公司股东依照法定程序有权提起股东代表诉讼。（2分）

考点 042 股东代表诉讼的前置程序

1. 原则：进行"交叉请求"。

出现上述"内部人损害公司利益"情形的，股东应当先向公司有关部门提出请求，

请求公司向法院提起诉讼。该"请求"需要遵守下列规则：

（1）董事、高级管理人员有前述情形的，适格股东（有限责任公司的股东、股份有限公司连续180日以上单独或者合计持有公司1%以上股份的股东），可以书面请求监事会向法院提起诉讼；

（2）监事或他人有前述情形的，适格股东可以书面请求董事会向法院提起诉讼；

（3）股东没有履行该前置程序的，法院应当驳回起诉。

一招制敌："交叉请求"可概括为："董事、高管害公司→向监事会请求；监事及他人害公司→向董事会请求"。

2. 例外：无需交叉请求，直接诉讼。

如果查明的相关事实表明，在股东向公司有关机关提出书面申请之时，根本不存在公司有关机关提起诉讼的可能性，法院不应当以原告未履行前置程序为由驳回起诉。

3. 双重股东代表诉讼

公司全资子公司的董事、监事、高级管理人员有前述情形，或者他人侵犯公司全资子公司合法权益造成损失的，适格股东可以依据前述"交叉请求"的前置规则，书面请求全资子公司的监事会、董事会向法院提起诉讼或者以自己的名义直接向法院提起诉讼。

4. "交叉请求"的后果

（1）接受请求：公司直接诉讼。

公司相应机关（监事会、董事会等）接受股东请求的，则公司对董事、高级管理人员或监事提起诉讼。

此时，原告为公司，被告为侵权人（即损害公司利益的董事、监事、高级管理人员、控股股东或关联合同相对方）。

易错：这是公司直接诉讼，而非股东代表诉讼。

（2）拒绝请求：股东代表诉讼。（见下文）

[法条链接]《公司法》第189条第1、4款。

考点 043 股东代表诉讼的诉讼规则

1. 前提：公司没有接受上述股东的书面请求。包括：

（1）公司相应机关（监事会、董事会等）收到股东书面请求后拒绝提起诉讼；

（2）公司相应机关（监事会、董事会等）自收到请求之日起30日内未提起诉讼；

（3）情况紧急、不立即提起诉讼将会使公司利益受到难以弥补的损害。

2. 诉讼当事人

（1）原告为股东。股东有权为公司利益以自己的名义直接向法院提起诉讼。

	有限责任公司	股份有限公司
原告资格	只要是股东即可，没有持股比例、持股时间的要求。	股东要满足"连续180日以上单独或者合计持有公司1%以上股份"的条件。（180日+1%）
时间要求	起诉时具有股东资格。被告以行为发生时原告尚未成为公司股东为由抗辩该股东不是适格原告的，法院不予支持。 例如，2021年8月，A咖啡公司因为董事、高管等组织虚假交易的不正当竞争行为被市场监督管理总局罚款4000万元，但A咖啡公司对相关责任人未予追究。2022年6月，张某通过购买原大股东的股权成为A咖啡公司的股东。此时，张某有权提起股东代表诉讼。	

（2）被告为侵权人。

（3）公司为第三人。

3. 诉讼利益的归属

（1）胜诉利益归属于公司。股东请求被告直接向其承担民事责任的，法院不予支持。

（2）股东代表诉讼中，原告股东和被告达成和解的，需要公司股东会或者董事会决议通过。

（3）诉讼请求部分或者全部得到法院支持的，公司应当承担股东因参加诉讼支付的合理费用。[1]

4. 反诉

符合"反诉"要件

股东代表诉讼中，被告可以原告股东恶意起诉侵犯其合法权益为由提起反诉。

不符合"反诉"要件

股东代表诉讼中，被告不可以公司在案涉纠纷中应当承担侵权或者违约等责任为由对公司提起反诉。

一招制敌 理解：公司是实质上的受害人，股东仅为"形式上的原告"。

[法条链接]《公司法》第189条第2款；《公司法解释（四）》第25、26条；《九民纪要》第24、26点。

---

[1] 在前述"交叉请求"的前置规则中，我们知道，股东需要先向公司有关机关提出"请求"，在被拒绝等情形下，才能提起股东代表诉讼。这说明公司并不希望提起该诉讼。所以，如果股东败诉，股东支出的调查费、评估费、公证费等费用均由股东自行承担。

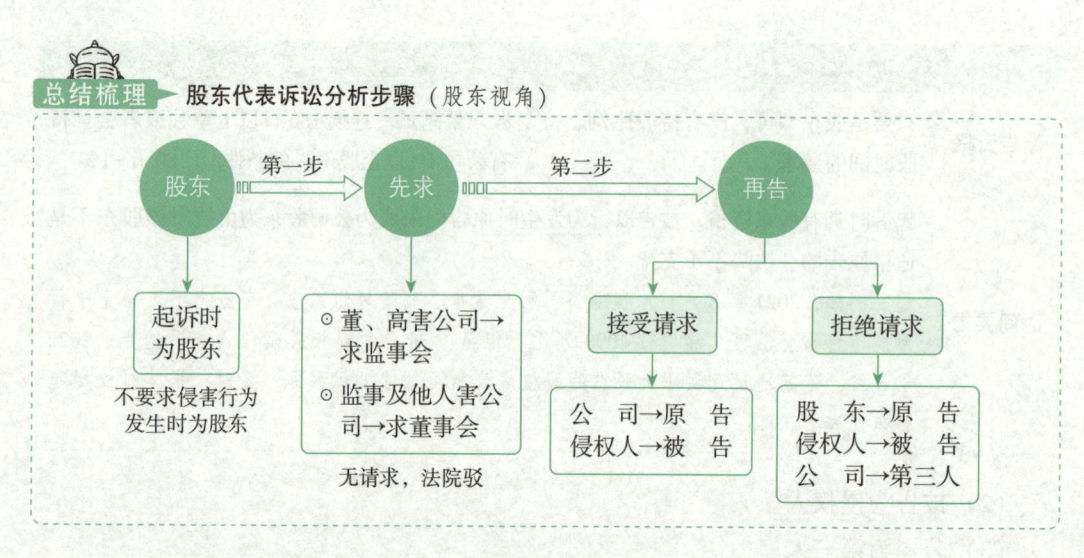

总结梳理 股东代表诉讼分析步骤（股东视角）

```
股东 ──第一步──> 先求 ──第二步──> 再告
 │                │              ├── 接受请求
 │                │              │     公司→原告
 │                │              │     侵权人→被告
起诉时            董、高害公司→   │
为股东            求监事会        └── 拒绝请求
不要求侵害行为    监事及他人害公         股东→原告
发生时为股东      司→求董事会           侵权人→被告
                  无请求，法院驳        公司→第三人
```

五、股东请求法院解散公司的权利（公司司法解散）★★★

考查角度

1. 实体法角度，可考查股东能否申请司法判决解散公司。
2. 程序法角度，可考查司法解散的诉讼规则。

公司解散，是指已成立的公司基于一定的合法事由而消灭的法律行为。主观题主要考查股东请求法院解散公司（司法判决解散公司）。

考点 044 判决解散公司的事由：公司僵局

1. "公司僵局"可概括为：公司经营管理发生严重困难，继续存续会使股东利益受到重大损失，通过其他途径不能解决。具体而言，出现下列情况时，股东可以请求法院解散公司：

（1）公司持续2年以上无法召开股东会，公司经营管理发生严重困难的；

（2）股东表决时无法达到法定或者公司章程规定的比例，持续2年以上不能作出有效的股东会决议，公司经营管理发生严重困难的；

（3）公司董事长期冲突，且无法通过股东会解决，公司经营管理发生严重困难的；

（4）经营管理发生其他严重困难，公司继续存续会使股东利益受到重大损失的情形。

2. 以其他事由提起诉讼的，不可判决解散公司。（均不符合"僵局"状态）

（1）股东以知情权、利润分配请求权等权益受到损害为由，提起解散公司诉讼的，法院不予受理；

（2）股东以公司亏损、财产不足以偿还全部债务为由，提起解散公司诉讼的，法院不予受理；

（3）股东以公司被吊销企业法人营业执照未进行清算等为由，提起解散公司诉讼的，法院不予受理。

[法条链接]《公司法》第231条；《公司法解释（二）》第1条。

考点 045 司法判决解散公司的诉讼规则

为了防止股东滥用解散公司的诉权，并且规范该类诉讼和"公司清算"之间的衔接，《公司法》就该诉讼类型作出了一些特殊规定。其要点为：

1. 原告：单独或者合计持有公司10%以上表决权的股东。

2. 被告

（1）解散公司的诉讼，应当以公司为被告。

（2）原告以其他股东为被告一并提起诉讼的，法院应当告知原告将其他股东变更为第三人；原告坚持不予变更的，法院应当驳回原告对其他股东的起诉。

3. 诉讼理由

（1）股东提起解散公司诉讼，同时又申请法院对公司进行清算的，法院对其提出的清算申请不予受理；

（2）法院可以告知原告，在法院判决解散公司后，自行组织清算或者另行申请法院对公司进行清算。

因为法院是否认定涉诉公司构成"僵局"状态，要通过审理才能确定，如果法院认定不构成"僵局"状态，则判决"不得解散公司"。此时公司继续存续，不会启动下一步"清算"程序。

4. 诉讼中的保全

股东提起解散公司诉讼时，向法院申请财产保全或者证据保全的，在股东提供担保且不影响公司正常经营的情形下，法院可予以保全。

[法条链接]《公司法》第231条；《公司法解释（二）》第2、3条，第4条第1、2款。

考点 046 股东重大分歧的解决

基于公司永久存续性的特征，在有限责任公司股东产生重大分歧使公司无法正常运营，出现公司僵局时，只要尚有其他途径解决矛盾，应当尽可能地采取其他方式解决，从而维持公司运营，避免解散。通过调解，使得争议股东"套现离场"，公司得以继续存续。

涉及有限责任公司股东重大分歧的案件，法院在审理时需要掌握：

1. 应当注重调解。

2. 当事人协商一致以下列方式解决分歧，且不违反法律、行政法规的强制性规定的，法院应予支持：

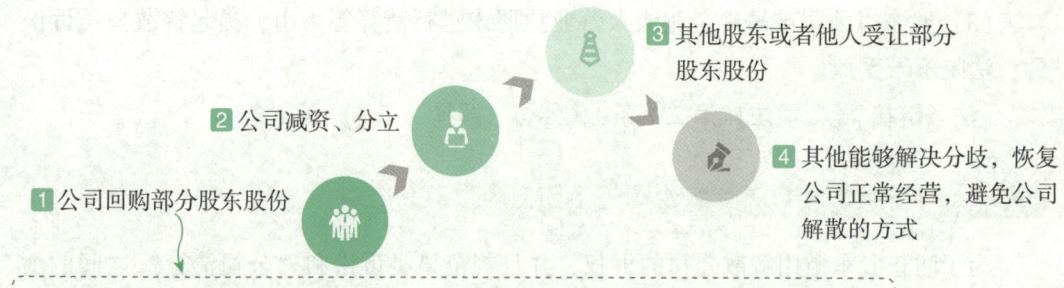

① 公司回购部分股东股份
② 公司减资、分立
③ 其他股东或者他人受让部分股东股份
④ 其他能够解决分歧，恢复公司正常经营，避免公司解散的方式

> 经法院调解公司收购原告股份的，公司应当自调解书生效之日起6个月内将股份转让或者注销。股份转让或者注销之前，原告不得以公司收购其股份为由对抗公司债权人。

3. 当事人不能协商一致使公司存续的，法院应当及时判决。

[法条链接]《公司法解释（二）》第5条；《公司法解释（五）》第5条。

迷你案例

1. 案情：昌顺有限责任公司成立于2012年4月，注册资本5000万元，股东为刘昌、钱顺、潘平与程舵，持股比例依次为40%、28%、26%与6%。自2014年6月，就公司管理等问题的决策，刘昌与钱顺爆发严重冲突。2016年5月，钱顺已厌倦争斗，要求刘昌或者公司买下自己的股权，自己退出公司，但遭到刘昌的坚决拒绝，其他股东既无购买意愿也无购买能力。钱顺遂起诉公司与刘昌，要求公司回购自己的股权，若公司不回购，则要求刘昌来购买。1个月后，法院判决钱顺败诉。（改编自2017年司考真题）

问题：法院判决不支持"钱顺要求公司与刘昌回购自己股权的诉求"是否合理？为什么？（5分）

答案：合理。（1分）涉及有限责任公司股东重大分歧的案件，法院审理时应当注重调解。当事人协商一致可以要求公司回购或其他股东回购部分股东股份，但本案显然没有协商一致。在现行公司法上，股东彼此之间并不负有在特定情况下收购对方股权的强制性义务。（2分）并且依《公司法》第89条第1款的规定，股东回购请求权仅适用于在该款所列明的三种情形下对股东会决议（即公司连续5年不分红决议，公司合并、分立或转让主要财产决议，公司存续上的续期决议）有异议的股东，本案中的情形显然不符合该规定。（2分）

2. 案情：林某、戴某两人为凯莱公司的股东。2016年起，二人之间的矛盾逐渐显现。同年，林某5次委托律师向凯莱公司和戴某发函称，因股东权益受到严重侵害，林某作为享有公司股东会1/2表决权的股东，已按公司章程规定的程序表决并通过了解散凯莱公司的决议，要求戴某提供凯莱公司的财务账册等资料，并对凯莱公司进行清算。同年，戴某3次回函称，林某作出的股东会决议没有合法依据，戴某不同意解散公司，并要求林某交出公司财务资料。从2016年至2019年，凯莱公司持续4年未召开过股东会。在纠纷处理中，服装城管委会调解委员会2次组织双方进行调解，但均未成功。2020年12月，林某向法院提起诉讼，请求解散凯莱公司。但遭到戴某反对，因为至林某提起诉讼时，凯莱公司及其

下属分公司运营状态良好。(改编自最高人民法院指导案例8号：林方清诉常熟市凯莱实业有限公司、戴小明公司解散纠纷案)

问1：股东林某提出的解散公司的诉讼请求能否得到法院支持？(3分)

答案：能。(1分) 该公司虽处于盈利状态，但其股东会机制长期失灵，陷入公司僵局且无法通过其他方法解决。连续2年以上未能召开股东会，使得股东权益受到重大损害的，可以认定为公司经营管理发生严重困难，符合条件的股东可以提起解散公司的诉讼。(2分)

问2：林某至少需要提交哪些证据证明自己有权请求解散凯莱公司？(3分)

答案：需要提交下列证据：①持有公司10%以上股权的证据。(1分) ②公司经营管理发生严重困难的证据。例如，公司连续2年以上没有召开股东会，或者持续2年以上不能作出有效股东会决议，或者董事之间长期冲突。(1分) ③曾试图解决上述纠纷但失败的证据，如调解失败等。(1分)

六、股东的义务

考点047 股东的义务

1. 依法行使股东权
(1) 公司股东应当遵守法律、行政法规和公司章程，依法行使股东权利，不得滥用股东权利损害公司或者其他股东的利益；
(2) 公司股东滥用股东权利给公司或者其他股东造成损失的，应当承担赔偿责任。
2. 不得利用关联关系损害公司利益
(1) 公司的控股股东、实际控制人、董事、监事、高级管理人员不得利用关联关系损害公司利益；
(2) 上述人员违反相关规定，给公司造成损失的，应当承担赔偿责任。

> 一条路并不因为边上长满荆棘而丧失其美丽，旅行者照旧向前进。
>
> 致奋进中的你

06 公司的组织机构

组织机构基本构成包括股东会、董事会、监事会。特殊情况下，可以不设置董事会和监事会。

> **提示** 本专题仅涉及有限责任公司，股份有限公司的组织机构见专题10。

一、股东会

考点 048 股东会的职权（主要事项）★★

	要　点	提　示
人事方面	(1) 选举和更换董事、监事，决定有关董事、监事的报酬事项； (2) 审议批准董事会、监事会的报告。	(1) 对左列事项股东以书面形式一致表示同意的，可以不召开股东会会议，直接作出决定，并由全体股东在决定文件上签名或者盖章； (2) 一人公司股东作出左列事项的决定时，应当采用书面形式，并由股东签名或者盖章后置备于公司。
财务方面	(1) 审议批准公司的利润分配方案和弥补亏损方案； (2) 对公司增加或者减少注册资本作出决议。	
经营方面[1]	(1) 对公司合并、分立、解散或者变更公司形式作出决议； (2) 修改公司章程。	

[法条链接]《公司法》第59、60条（股东会职权）。

考点 049 股东会会议召集和表决

> **考查角度**
> 1. 常和下文"公司的决议"相结合，分析因为会议召集程序或表决方式瑕疵，某项决议的效力如何。

---

[1] [提示] 2023年《公司法》取消了股东会职权中的"决定公司的经营方针和投资计划"条款。

2. 公司实务常见争议包括：是否可以向法院提起诉讼请求召开股东会、何种决议需要经代表 2/3 以上表决权的股东通过、出资比例的计算标准是实缴比例还是认缴比例。

1. 股东会会议召集规则
（1）会议召开 15 日前通知全体股东。（章程另有规定或者全体股东另有约定的除外）
（2）召集、主持的法定程序：董事会召集→监事会召集和主持→代表 1/10 以上表决权的股东自行召集和主持。（提示：召开会议不可诉）
（3）提议召开临时会议人：代表 1/10 以上表决权的股东；1/3 以上的董事；监事会。
2. 股东会会议表决规则
（1）由股东按照（认缴）出资比例行使表决权，但章程另有规定的除外。
（2）一般事项，应当经代表过半数表决权的股东通过。
（3）重大事项，是指：股东会作出修改公司章程、增加或者减少注册资本的决议，以及公司合并、分立、解散或者变更公司形式的决议。这些决议事项，应当经代表 2/3 以上表决权的股东通过。

一招制敌 股东会重大事项："章程资本合分散，变更形式 667"。

[法条链接]《公司法》第 62~64 条（股东会会议召集程序），第 65、66 条（股东会会议表决程序）。

实务难点

1. 未缴纳部分出资的表决权问题

[问题] 股东认缴的出资未届履行期限，未缴纳部分的出资是否享有以及如何行使表决权？

[处理]
（1）应当根据公司章程来确定。公司章程没有规定的，应当按照认缴出资的比例确定。
（2）如果股东会作出不按认缴出资比例而按实际出资比例或其他标准确定表决权的决议（即决议内容为"确定表决权的计算规则"），则：
❶ 决议经代表 2/3 以上表决权的股东通过，已经符合修改公司章程所要求的表决程序的，该决议有效；
❷ 决议没有经代表 2/3 以上表决权的股东通过，尚不符合修改公司章程要求的，该决议不成立。（即计算表决权的新规则无效）

❶ 易错：该决议中 2/3 以上表决权的计算方法，仍为"认缴出资比例"，因为只

有在通过该决议后，新的表决权计算规则才能生效。

例如，认缴出资期限为2025年。2023年，公司召开股东会讨论罢免董事A。公司章程规定，股东会按照认缴出资比例表决。但是，该次股东会准备按照实缴出资比例表决罢免董事A这一决议，且该决议得到占实缴出资比例35%表决权的股东支持。则：

（1）若上述占35%实缴出资比例的股东，依据认缴出资比例计算，代表的表决权低于66.7%（如按认缴出资比例为45%），则因未达修改章程的比例要求，该次罢免董事A的决议，仍应当按照"认缴出资比例"表决，新的表决权计算规则无效，罢免董事A的决议"尚未成立"；

（2）若上述股东依据认缴出资比例计算，代表的表决权超过66.7%，则因为符合修改章程所要求的表决比例，该次罢免董事A的决议有效。

2. 修改章程条款的表决问题

[问题] 是否只要涉及修改章程条款，均需要经股东会代表2/3以上表决权的股东通过，该决议才有效？

此处涉及两个知识点：

（1）股东会作出修改章程的决议，应当经代表2/3以上表决权的股东通过。

（2）根据《公司法》第46条第1款的规定，章程应当载明下列事项：①公司名称和住所；②公司经营范围；③公司注册资本；④股东的姓名或者名称；⑤股东的出资额、出资方式和出资日期；⑥公司的机构及其产生办法、职权、议事规则；⑦公司法定代表人的产生、变更办法。

[处理]

（1）从立法本意来说，只有对公司经营造成特别重大影响的事项才需要经代表2/3以上表决权的股东通过。[1]在公司章程记载的事项中，有些事项的变更会对公司经营造成重大影响。例如，公司增加或减少注册资本，该项变更涉及对债权人利益的保护，所以该项章程条款的变更应当由股东会经"特别多数，即代表2/3以上表决权的股东"通过。

（2）但是，某些事项在公司章程中虽然应当记载，但其更多体现出的是形式记载，如公司的名称和住所、股东的姓名、法定代表人的名称等，对这些记载事项的变更，在章程中体现出的仅是一种记载方面的修改，这类变更对公司的生产经营、公司债权人利益的保护等，不会造成重大影响，所以该项章程条款的变更无需经"股东会代表2/3以上表决权的股东"通过。

（3）需特别注意的是，公司章程需载明"公司法定代表人的产生、变更办法"。

---

[1] 来源：新疆维吾尔自治区高院：新疆豪骏贸易有限责任公司、张某某与乌鲁木齐市祥平实业有限责任公司、乌鲁木齐市祥平房地产开发有限责任公司公司决议撤销纠纷再审案。

由此可知，法定代表人的产生与变更交由公司意思自治。例如，A 公司章程规定"法定代表人由股东会代表 1/2 以上表决权的股东通过决议"，则该公司变更法定代表人时，不应再固守"章程变更，需要经股东会代表 2/3 以上表决权的股东通过"的规则，满足"股东会代表 1/2 以上表决权的股东通过"，即可更换法定代表人。

二、董事会、监事会

董事会是执行机构，负责执行股东会作出的决议。

监事会履行监督职责，负责对董事会的事务执行进行监督。

考点 050 董事会、监事会的职权

	董事会	监事会
和股东会的关系	（1）召集股东会会议，并向股东会报告工作； （2）执行股东会的决议。	（1）提议召开临时股东会会议，在董事会不履行《公司法》规定的召集和主持股东会会议职责时召集和主持股东会会议； （2）向股东会会议提出提案。
人事方面	（1）决定聘任或者解聘公司经理及其报酬事项； （2）根据经理的提名决定聘任或者解聘公司副经理、财务负责人及其报酬事项。	（1）无人员决定权； （2）对董事、高级管理人员执行职务的行为进行监督； （3）对违反法律、行政法规、公司章程或者股东会决议的董事、高级管理人员提出解任的建议； （4）当董事、高级管理人员的行为损害公司的利益时，要求董事、高级管理人员予以纠正。
财务方面	（1）制订公司的利润分配方案和弥补亏损方案； （2）制订公司增加或者减少注册资本以及发行公司债券的方案。	有权检查公司财务。（无决定权）
经营方面	（1）具有经营决策权 ①决定公司的经营计划和投资方案； ②决定公司内部管理机构的设置； ③制定公司的基本管理制度。 （2）有权制订重大事项的方案 制订公司合并、分立、解散或者变更公司形式的方案。	（1）无经营决策权。 （2）不是公司的法定代表人，无诉讼权。但是，可依照《公司法》第 189 条的规定，对董事、高级管理人员提起诉讼。（即股东代表诉讼的前置程序）

[法条链接]《公司法》第 67 条第 2 款（董事会职权）、第 78 条（监事会职权）。

迷你案例

1. 案情：小翔为 A 公司董事长，大翔为 B 公司唯一的董事，现 A 公司、B 公司章程无特别规定。

   问题：小翔是否有权决定聘任小敏为公司总经理？大翔是否有权决定聘任大敏为公司总经理？（4分）

   答案：（1）小翔无权。（1分）总经理属于高级管理人员的范围，应当由董事会决定聘任，而非董事长个人决定。（1分）

   （2）大翔有权。（1分）"唯一的董事"说明 B 公司无董事会，董事可行使董事会的职权，故大翔可决定聘任高级管理人员。（1分）

2. 案情：刘昌担任公司董事长，钱顺担任总经理并兼任监事。刘昌与钱顺爆发严重冲突，后发生了钱顺以监事身份罢免刘昌董事长职位的情况。

   问题：钱顺以监事身份罢免刘昌董事长职位的做法是否合法？为什么？（3分）

   答案：不合法。（1分）根据《公司法》第78条第2项的规定，监事对公司董事只有解任建议权，而无决定权。（1分）本案中，钱顺的身份为监事，他仅可建议而无权决定罢免董事，因此刘昌的董事长职位不受影响。（1分）

考点 051 董事会、监事会的组成

考查角度 有限责任公司治理结构合法性的判断。例如，某公司是否必须设置职工董事、是否可以不设监事会。

人 数	董事会	（1）董事会成员为3人以上； （2）规模较小或者股东人数较少的有限责任公司，可以不设董事会，设1名董事，行使董事会的职权；（无董事长） （3）董事可以兼任公司经理。
	监事会	（1）监事会成员为3人以上。董事、高级管理人员不得兼任监事。 （2）规模较小或股东人数较少的有限责任公司，可以不设监事会，设1名监事，行使监事会的职权；经全体股东一致同意，也可以不设监事。 （3）可以按照公司章程的规定在董事会中设置由董事组成的审计委员会，行使监事会的职权，不设监事会或者监事。
职工代表	董事会	（1）一般规模公司：董事会成员中可以有公司职工代表。 （2）大规模公司：职工人数300人以上的有限责任公司，其董事会成员中应当有公司职工代表；职工代表由公司职工通过职工代表大会、职工大会或者其他形式民主选举产生。

续表

职工代表	监事会	(1) 股东代表+职工代表； (2) 其中职工代表的比例不得低于 1/3，具体比例由公司章程规定； (3) 职工代表由公司职工通过职工代表大会、职工大会或者其他形式民主选举产生。
董事长		(1) 董事会设董事长 1 人，可以设副董事长； (2) 董事长、副董事长的产生办法由公司章程规定。
监事会主席		监事会设主席 1 人，由全体监事过半数选举产生。

考点 052 审计委员会及其职责

组　　成	(1) 可以按照公司章程的规定在董事会中设置审计委员会，行使监事会的职权，不设监事会或者监事。 (2) 审计委员会由董事组成；董事会成员中的职工代表可以成为审计委员会成员。
人数、任职禁止	无审计委员会人数、任职禁止的规定。
表　　决	审计委员会决议的表决，法律无规定，交由公司章程规定。

[法条链接]《公司法》第 69 条。

考点 053 董事、监事的任期和辞任

1. 董事、监事的任期

(1) 董事任期由公司章程规定，但每届任期不得超过 3 年；监事的任期每届为 3 年。

❶易错：董事每届任期≤3 年；监事每届任期=3 年。

(2) 董事、监事任期届满，均连选可以连任。

2. 原董事履职情形（监事规定相同，如下条款）

[法条链接]《公司法》第 70 条第 2 款　董事任期届满未及时改选，或者董事在任期内辞任导致董事会成员低于法定人数的，在改选出的董事就任前，原董事仍应当依照法律、行政法规和公司章程的规定，履行董事职务。

	要点	内容	举例
情形 1	到期+新人到位前=要履职	董事任期届满未及时改选的，在改选出的董事就任前，原董事仍应当依照法律、行政法规和公司章程的规定，履行董事职务。	[例 1] 甲公司董事会成员共有 3 人（董事会成员最少为 3 人），若董事魏某在任期内辞职，则在新董事就任前，魏某还需履职。

续表

要点	内容	举例
情形2	到期前+低于法定人数+新人到位前＝要履职	董事在任期内辞任导致董事会成员低于法定人数的，在改选出的董事就任前，原董事仍应当依照法律、行政法规和公司章程的规定，履行董事职务。	[例2] 乙公司董事会成员共有11人，若董事张某在任期内辞职，此时董事还剩10人，则张某辞职走人，无需履职。

3. 董事辞任

（1）董事辞任的，应当以书面形式通知公司，公司收到通知之日辞任生效。但在任期内辞任导致董事会成员低于法定人数的，在改选出的董事就任前，董事应当继续履行职务。

（2）担任法定代表人的董事辞任的，视为同时辞去法定代表人。

（3）法定代表人辞任的，公司应当在法定代表人辞任之日起30日内确定新的法定代表人。

4. 董事职务可被"无因解除"

（1）股东会可以决议解任董事，决议作出之日解任生效；

（2）无正当理由，在任期届满前解任董事的，该董事可以要求公司予以赔偿；

（3）董事职务被解除后，因补偿与公司发生纠纷提起诉讼的，法院应当综合考虑解除的原因、剩余任期、董事薪酬等因素，确定是否补偿以及补偿的合理数额。

> **原理**
> 理论上认为，股东会与董事之间为"委托关系"，合同双方均有任意解除权，即股东会可以随时解除董事职务；无论任期是否届满，董事也均可以随时辞职。（委托合同-双方同权）

迷你案例

案情：萱草公司共有9名董事，甲、乙于2017年11月11日向萱草公司提交了关于辞去董事职务的辞职书，辞职书中均有"望公司批准"的字样，董事长丙在公司大事纪要中确认收到了两份辞职书。在之后2年多的时间内，萱草公司未召开股东会，未讨论董事辞职事项，未进行董事工商变更登记，也未增选董事。2020年3月3日，甲、乙以"公司已经2年多没有召开股东会和董事会，并鉴于丙不能履行或不履行董事长职务，给公司生产经营造成了很大损害"为由，提议召集董事会，罢免丙的董事长职务。

问题：该次董事会决议效力如何？（3分）

答案：决议可撤销。（1分）公司和董事之间属于委任关系，自公司收到董事辞职通知之日起，辞职发生法律效力。（1分）故本案中，甲、乙无权提议召集董事会，该次会议召

集程序不合法，决议可撤销。（1分）

[法条链接]《公司法》第10条第2、3款，第70、71条，第77条第1款；《公司法解释（五）》第3条第2款。

考 点 054 董事会和监事会的会议程序、决议规则

1. 董事会

（1）董事会会议由董事长召集和主持；董事长不能履行职务或者不履行职务的，由副董事长召集和主持；副董事长不能履行职务或者不履行职务的，由过半数的董事共同推举1名董事召集和主持。

（2）董事会会议应当有过半数的董事出席方可举行。

（3）董事会作出决议，应当经全体董事的过半数通过。董事会决议的表决，应当一人一票。

（4）董事会应当对所议事项的决定作成会议记录，出席会议的董事应当在会议记录上签名。

（5）其他议事方式和表决程序，由公司章程规定。

2. 监事会。（略）

[法条链接]《公司法》第72、73条（董事会的会议程序和决议规则）。

迷你案例

案情：公司董事会共有10人，某次董事会共有6人出席。现有4人通过更换总经理小栗的决议。

问题：该董事会决议是否成立？（3分）

答案：决议不成立。（1分）该决议须经全体董事的过半数，即6人通过才有效，而本次表决未达最低表决要求，决议不成立。（2分）

> 松弛的琴弦，
> 永远奏不出美妙的乐曲。

致奋进中的你

07 公司董事、监事、高级管理人员的资格和义务

一、任职资格合法性认定 ★★

考点 055　对董、监、高任职资格的法律限制

> **考查角度** 公司任免董事、监事、高管合法性的判断。

在分析某人能否担任公司董事、监事、高级管理人员时，《公司法》从其是否具备行为能力、有无特定犯罪、是否具备管理能力、是否失信等方面加以限制。

1. 行为能力要求

无民事行为能力人或者限制民事行为能力人，不得担任公司的董事、监事、高级管理人员。

2. 无特定犯罪要求

下述人员不得担任公司的董事、监事、高级管理人员：

（1）因贪污、贿赂、侵占财产、挪用财产或者破坏社会主义市场经济秩序，被判处刑罚，执行期满未逾5年，被宣告缓刑的，自缓刑考验期满之日起未逾2年；

（2）因犯罪被剥夺政治权利，执行期满未逾5年，被宣告缓刑的，自缓刑考验期满之日起未逾2年。

一招制敌 犯罪类型是常见陷阱。

3. 管理能力要求

下述人员不得担任公司的董事、监事、高级管理人员：

（1）担任破产清算的公司、企业的董事或者厂长、经理，对该公司、企业的破产负有个人责任的，自该公司、企业破产清算完结之日起未逾3年；

（2）担任因违法被吊销营业执照、责令关闭的公司、企业的法定代表人，并负有个人责任的，自该公司、企业被吊销营业执照、责令关闭之日起未逾3年。

一招制敌 "是否负有个人责任"是常见陷阱。

4. 个人信用要求

个人因所负数额较大债务到期未清偿被人民法院列为失信被执行人的，不得担任公司的董事、监事、高级管理人员。

［法条链接］《公司法》第178条第1款。

迷你案例

案情：2024年，萱草公司股东会讨论董事人选。

问1：张某因重大责任事故罪被判处3年有期徒刑，今年年初刑满释放。张某能否担任萱草公司的董事？（2分）

答案：可以担任。（1分）因为"重大责任事故罪"不是贪污等经济犯罪类型。（1分）

问2：魏某曾担任一家长期经营不善、负债累累的纺织厂的厂长，上任仅3个月该纺织厂即破产。魏某能否担任萱草公司的董事？（2分）

答案：可以担任。（1分）"上任仅3个月"难以说明魏某对该纺织厂的破产"负有个人责任"。（1分）

问3：小敏是甲公司大股东，持股70%。现甲公司因违法被吊销营业执照。小敏能否担任萱草公司的董事？（2分）

答案：可以担任。（1分）因为其身份是"股东"，而非"董事、高管"等经营管理人员。（1分）

考点 056 违反任职资格的处理

1. 公司违反上述规定选举、委派董事、监事或者聘任高级管理人员的，该选举、委派或者聘任无效。

2. 董事、监事、高级管理人员在任职期间出现上述情形的，公司应当解除其职务。

［法条链接］《公司法》第178条第2、3款。

考点 057 公司的法定代表人 ★★

1. 产生和变更

（1）公司的法定代表人按照公司章程的规定，由代表公司执行公司事务的董事或者经理担任；

（2）担任法定代表人的董事或者经理辞任的，视为同时辞去法定代表人；

（3）法定代表人辞任的，公司应当在法定代表人辞任之日起30日内确定新的法定代表人；

（4）公司变更法定代表人的，变更登记申请书由变更后的法定代表人签署。

2. 法定代表权

（1）法定代表人以公司名义从事的民事活动，其法律后果由公司承受。

（2）公司章程或者股东会对法定代表人职权的限制，不得对抗善意相对人。

（3）法定代表人因执行职务造成他人损害的，由公司承担民事责任。公司承担民事责任后，依照法律或者公司章程的规定，可以向有过错的法定代表人追偿。

[法条链接]《公司法》第10、11条，第35条第3款。

二、履行职务行为的合法性认定

> **考查角度**
> 1. 董事、监事、高管的行为是否违反义务。
> 2. 董事、监事、高管是否应当承担赔偿责任。

考点 058 忠实义务、勤勉义务的主体和内容

1. 义务主体

（1）董事、监事、高级管理人员；

（2）不担任公司董事但实际执行公司事务的控股股东、实际控制人。

2. 忠实、勤勉义务

（1）忠实义务：上述义务主体应当采取措施避免自身利益与公司利益冲突，不得利用职权牟取不正当利益；

（2）勤勉义务：上述义务主体执行职务应当为公司的最大利益尽到管理者通常应有的合理注意。

考点 059 违反义务的具体行为

1. 董事、监事、高级管理人员不得有下列行为：（违反忠实义务）

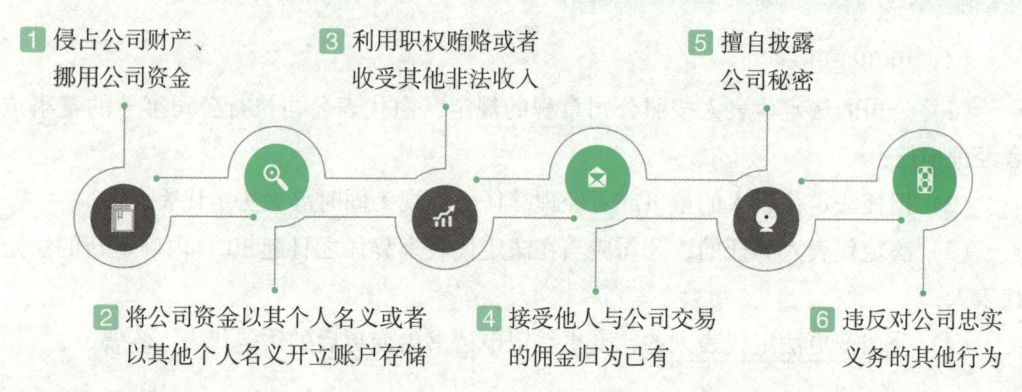

① 侵占公司财产、挪用公司资金

② 将公司资金以其个人名义或者以其他个人名义开立账户存储

③ 利用职权贿赂或者收受其他非法收入

④ 接受他人与公司交易的佣金归为己有

⑤ 擅自披露公司秘密

⑥ 违反对公司忠实义务的其他行为

2. 董事、监事、高级管理人员的受限制行为（违反勤勉义务）

		内　　容	回避表决规则
关联交易行为	概　念	董事、监事、高管，直接或者间接与本公司订立合同或者进行交易。	（1）董事会对左栏所列事项决议时，关联董事不得参与表决，其表决权不计入表决权总数； （2）出席董事会会议的无关联关系董事人数不足3人的，应当将该事项提交股东会审议。
	报告和决议	应当就与订立合同或者进行交易有关的事项向董事会或者股东会报告，并按照公司章程的规定经董事会或者股东会决议通过。	
	关联人的范围	（1）董事、监事、高管及其近亲属； （2）上述人员直接或者间接控制的企业； （3）与董事、监事、高管有其他关联关系的关联人。	
谋取属于公司的商业机会	原　则	董事、监事、高管，不得利用职务便利为自己或者他人谋取属于公司的商业机会。	
	例　外	（1）向董事会或者股东会报告，并按照公司章程的规定经董事会或者股东会决议通过； （2）根据法律、行政法规或者公司章程的规定，公司不能利用该商业机会。	
同业竞争行为	原　则	董事、监事、高管，不得自营或者为他人经营与其任职公司同类的业务。	
	例　外	向董事会或者股东会报告，并按照公司章程的规定经董事会或者股东会决议通过。	

3. 违反上述义务的处理

（1）董事、监事、高管违反上述规定所得的收入应当归公司所有；

（2）董事、监事、高管执行职务违法、违规、违反公司章程的规定，给公司造成损失的，应当承担赔偿责任；

（3）若公司拒绝起诉或者怠于起诉，则会引发股东代表诉讼。

[法条链接]《公司法》第181～185条，第186、188条（违反义务的处理）。

迷你案例

案情：萱草有限责任公司的章程规定，金额超过10万元的合同由董事会批准。翔叔是萱草公司的总经理。因公司业务需要车辆，翔叔便擅自决定将自己的轿车租给萱草公司，年租金15万元。后翔叔要求萱草公司支付租金，其他董事和股东们才获知此事，一致认为租金太高，不同意支付。

问题：租车合同是否有效？萱草公司能否拒绝支付租金？（4分）

答案：租车合同有效，萱草公司有权拒付租金。（1分）

董事、监事、高级管理人员，直接或者间接与本公司订立合同或者进行交易，未就与订立合同或者进行交易有关的事项向董事会或者股东会报告，并按照公司章程的规定经董事会或者股东会决议通过的，所得的收入应当归公司所有（《公司法》第182条第1款、第186条）。(2分) 本案中，既然萱草公司有权取得翔叔从公司得到的租金收入，那么萱草公司就有权拒绝支付租金，二者效果相同。(1分)

考点060 董事、监事、高管的赔偿责任 ★★★

1. 资本维持时的责任

A 核查催缴出资
有限责任公司成立后，董事会应当对股东的出资情况进行核查……催缴出资；董事会未及时履行前述义务，给公司造成损失的，负有责任的董事应当承担赔偿责任。

B 抽逃出资
公司成立后，因股东抽逃出资给公司造成损失的，负有责任的董事、监事、高级管理人员应当与该股东承担连带赔偿责任。

D 违规减资
违反《公司法》规定减少注册资本，给公司造成损失的，股东及负有责任的董事、监事、高级管理人员应当承担赔偿责任。

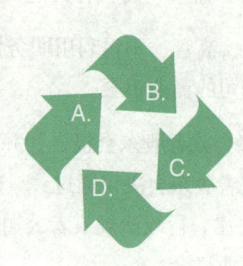

C 违规分配利润
违反《公司法》规定向股东分配利润，给公司造成损失的，股东及负有责任的董事、监事、高级管理人员应当承担赔偿责任。

2. 公司经营中的责任：对公司的赔偿责任

（1）关联交易损害公司利益：公司的控股股东、实际控制人、董事、监事、高级管理人员不得利用关联关系损害公司利益。违反前述规定，给公司造成损失的，应当承担赔偿责任。

（2）执行职务违法、违规：董事、监事、高级管理人员执行职务违反法律、行政法规或者公司章程的规定，给公司造成损失的，应当承担赔偿责任。

（3）（股份有限公司）违规提供财务资助：违反规定为他人取得本公司或者其母公司的股份提供财务资助，给公司造成损失的，负有责任的董事、监事、高级管理人员应当承担赔偿责任。

（4）清算责任：清算组成员（原则上为董事）怠于履行清算职责，给公司造成损失的，应当承担赔偿责任。

3. 公司经营中的责任：对股东、债权人、其他人的赔偿责任

（1）董事、高级管理人员违反法律、行政法规或者公司章程的规定，损害股东利益的，股东可以向法院提起诉讼。（股东直接诉讼）

（2）公司的控股股东、实际控制人指示董事、高级管理人员从事损害公司或者股东利益的行为的，与该董事、高级管理人员承担连带责任。

（3）清算义务人（董事）未及时履行清算义务，给公司或者债权人造成损失的，

应当承担赔偿责任。

（4）清算组成员因故意或者重大过失给债权人造成损失的，应当承担赔偿责任。

（5）董事、高级管理人员执行职务，给他人造成损害的，公司应当承担赔偿责任；董事、高级管理人员存在故意或者重大过失的，也应当承担赔偿责任。

[法条链接]《公司法》第190~192条、第232条第3款、第238条第2款。

考点 061 董事责任保险

1. 公司可以在董事任职期间为董事因执行公司职务承担的赔偿责任投保责任保险。

2. 公司为董事投保责任保险或者续保后，董事会应当向股东会报告责任保险的投保金额、承保范围及保险费率等内容。

[法条链接]《公司法》第193条。

迷你案例

案情：美森公司成立于2009年，主要经营煤炭，股东是大雅公司以及庄某、石某。章程规定，公司的注册资本是1000万元，三个股东的持股比例是5∶3∶2。大雅公司委派白某担任美森公司的董事长兼法定代表人。2013年11月，大雅公司指示白某将原出资的资产中价值较大的部分转入另一子公司美阳公司，造成美森公司巨大损失。对此，其他股东均不知情。现其他股东闻讯后认为利益受损，要求美森公司返还出资。

问题：其他股东的主张是否成立？他们应当如何主张自己的权利？（4分）

答案：不成立。（1分）

基于公司资本维持原则，股东不得要求退股，故其他股东不得要求返还出资。（1分）

本案中，董事长白某转移公司资产的行为，违反法律、行政法规或者公司章程的规定，损害股东利益，应当向股东承担赔偿责任。（1分）同时，控股股东大雅公司指示白某从事该行为，应当与白某承担连带责任。（1分）

> 日子有些沉闷，
> 但跑起来就有风。

致奋进中的你

08 公司的财务会计、合并分立、增资减资、公司清算

一、公司的财务、会计

> **考查角度**
> 1. 涉及公积金、税后利润分配等财会相关知识，近些年综合考查的趋势很明显，需要关注。
> 2. 判断公司财产的分配顺序和分配比例是否合法。

考点 062 公积金的种类

公积金，又称储备金，是指公司为增强自身财产能力、扩大生产经营和预防意外亏损，依法从公司利润中提取的款项。

分类	规则
法定公积金	(1) 公司分配当年税后利润时，应当提取利润的 10% 列入公司法定公积金； (2) 法定公积金不足以弥补以前年度亏损的，在依照前述规定提取法定公积金之前，应当先用当年利润弥补亏损； (3) 法定公积金累计额为公司注册资本的 50% 以上的，可以不再提取。
任意公积金	公司从税后利润中提取法定公积金后，经股东会决议，还可以从税后利润中提取任意公积金。
资本公积金	下列项目应当列为公司资本公积金： (1) 公司以超过股票票面金额的发行价格发行股份所得的溢价款； (2) 公司发行无面额股所得股款未计入注册资本的金额； (3) 国务院财政部门规定列入资本公积金的其他项目。

[法条链接]《公司法》第 210 条第 1、2 款（法定公积金），第 210 条第 3 款（任意公积金），第 213 条（资本公积金）。

考点 063 公积金的用途

公司的公积金用于弥补公司的亏损、扩大公司生产经营或者转为增加公司注册资

本。要注意：

1. 公积金弥补公司亏损，应当先使用任意公积金和法定公积金；仍不能弥补的，可以按照规定使用资本公积金。

2. 法定公积金转为增加注册资本时，所留存的该项公积金不得少于转增前公司注册资本的25%。

[法条链接]《公司法》第214条（公积金用途）。

一招制敌 公积金"三个三"：

分三类：法定、任意、资本公积金。

三用途：补亏/扩产/增资。

三比例：10%/50%/≥25%（仅指法定公积金）。

迷你案例

案情：萱草公司现有注册资本3000万元、法定公积金1000万元。公司拟将法定公积金转为增加公司注册资本。

问题：该次可转为增加公司注册资本的法定公积金上限是多少？（3分）

答案：上限是250万元。（1分）为了维持一定的弥补亏损、扩大生产经营的能力，《公司法》第214条第3款规定，法定公积金转为增加注册资本时，所留存的该项公积金不得少于转增前公司注册资本的25%。（1分）本案中，萱草公司在将法定公积金转为增加公司注册资本后，公司留存的法定公积金至少应为750万元（注册资本3000万元的25%），故该次可使用法定公积金的上限是250万元。（1分）

考点 064 公司的收益分配

1. 分配顺序和分配比例

（1）公司弥补亏损和提取公积金后，所余税后利润向股东进行分配；

（2）有限责任公司按照股东实缴的出资比例分配利润，全体股东约定不按照出资比例分配利润的除外。

2. 违反顺序分配的处理

（1）公司违反《公司法》规定在弥补亏损和提取公积金之前向股东分配利润的，股东应当将违反规定分配的利润退还公司；

（2）给公司造成损失的，股东及负有责任的董事、监事、高级管理人员应当承担赔偿责任。

[法条链接]《公司法》第210条第4款、第211条。

二、公司的合并、分立★

> **考查角度**》合并、分立的程序，以及对债权人利益的保护措施。（考点65、66中的规则清晰、简单，近些年较少单独考查）

考点 065 公司合并

公司合并，是指2个或2个以上的公司订立合并协议，不经过清算程序，直接结合为一个公司的法律行为。其可分为吸收合并与新设合并两种方式。

1. 合并的一般程序

（1）应当由合并各方签订合并协议，并编制资产负债表及财产清单；

（2）公司应当自作出合并决议之日起10日内通知债权人，并于30日内在报纸上或者国家企业信用信息公示系统公告；

（3）债权人自接到通知之日起30日内，未接到通知的自公告之日起45日内，可以要求公司清偿债务或者提供相应的担保；

（4）办理相应的公司登记。

2. 简易合并程序（无需经股东会表决）

情形1	情形2
已经形成绝对控制关系的公司合并	**支付价款≤净资产10%的公司合并**
（1）公司（A）与其持股90%以上的公司（B）合并，被合并的公司（B）不需经股东会决议； （2）应当通知其他股东，其他股东有权请求公司（A）按照合理的价格收购其股权或者股份； （3）上述合并不经股东会决议的，应当经董事会决议。	（1）公司合并支付的价款不超过本公司净资产10%的，可以不经股东会决议；但是，公司章程另有规定的除外。 （2）上述合并不经股东会决议的，应当经董事会决议。

3. 债的承担

合并各方的债权、债务，应当由合并后存续的公司或者新设的公司承继。

[法条链接]《公司法》第218~221条。

考点 066 公司分立

公司分立，是指一个公司通过签订分立协议，不经过清算程序，分为2个或2个以上公司的法律行为。其可分为新设分立与派生分立两种方式。

1. 分立的程序

(1) 公司分立，其财产作相应的分割，并编制资产负债表及财产清单；

(2) 公司应当自作出分立决议之日起 10 日内通知债权人，并于 30 日内在报纸上或者国家企业信用信息公示系统公告；

(3) 办理相应的公司登记。

2. 债的承担

(1) 公司分立前的债务由分立后的公司承担连带责任；

(2) 公司在分立前与债权人就债务清偿达成的书面协议另有约定的除外。

易混：债权人仅在合并程序中有权要求公司清偿债务或者提供相应的担保。因为分立程序中，公司分立前的债务由分立后的公司承担连带责任，已经满足了对债权人利益的强保护。

[法条链接]《公司法》第 222、223 条。

三、公司的增资、减资

考点 067 公司的增资 ★★★

考查角度 » 公司为扩大生产经营规模，所需资金量增大，公司常通过增加注册资本达到融资目的，此时会发生公司扩大经营规模与既有股东不愿外部投资者加入公司的矛盾。这种实务中常见的纠纷也是主观题偏爱的素材。

	要　　点	原　　理
公司增资的程序（是否增资）	有限责任公司股东会作出增加或者减少注册资本的决议，应当经代表 2/3 以上表决权的股东通过。	增资、减资和公司经营相关，公司的利益和大股东利益一致，故公司是否增资、减资，只需要"多数决"，即"代表 2/3 以上表决权的股东通过"。
原股东的优先认股权（如何缴纳）	有限责任公司增加注册资本时： (1) 股东在同等条件下有权优先按照实缴的出资比例认缴出资。但是，全体股东约定不按照出资比例优先认缴出资的除外。 (2) 股东认缴新增资本的出资，依照《公司法》设立有限责任公司缴纳出资的有关规定执行。	(1) 经"代表 2/3 以上表决权的股东通过"的规则，是指公司注册资本的增加或减少，但不包括增资或减资后股权在各股东之间的分配。 (2) 不同比增资或减资会打破现有股权分配情况，不得以"多数决"的形式改变股东以出资比例所形成的现有股权架构。如果改变，需要"全体股东一致同意"，即"一致决"而非"多数决"。

提示 注意公司增资表决比例（2/3以上表决权）和股东改变实缴出资比例（"一致决"）。

[法条链接]《公司法》第66条第3款、第116条第3款。

迷你案例

1. 案情：2022年，萱草有限责任公司为扩大经营规模准备增资，关于是否增资的决议得到全体股东一致同意，但在具体缴纳出资问题上，股东向某和魏某提出，为了公司经营的便利，增资应全部为现金，且应在5个工作日内缴足；而另两个股东殷某（持股25%）与高某（持股20%）不同意，要求以新的专利技术作为增资出资。最终萱草公司作出现金增资的决议。

问题：就上述增资决议，殷某、高某能否请求撤销该决议？（3分）

答案：不能。（1分）因为增资款项是否全部为现金，这是股东会对普通事项的表决，不需要经代表2/3以上表决权的股东通过，只要经代表过半数表决权的股东通过即可。（1分）本案中，已经持有过半数表决权的股东表决通过，因此该决议为有效决议。（1分）

2. 案情：萱草有限责任公司共有6个股东。2020年，公司决定增加注册资本500万元，该次增资，股东张某要求按照认缴出资比例来认缴新增注册资本的出资，另一股东魏某反对。2021年，萱草公司决议再次增资，股东会决议该次增资引进外部投资者A，500万元增资款均由A缴纳。张某同意增资但反对引入A，其他几位股东因为自有资金不足均同意A定向增资。

问1：2020年增资时，张某应如何行使优先认缴权？（2分）

答案：张某应当按照实缴的出资比例行使优先认缴权，但可以在合理期限内分期出资。（2分）

问2：2021年公司增资时，张某可采取何种救济措施？张某能否对其他股东放弃的出资额行使优先认购权？（4分）

答案：张某有权按照自己实缴的出资比例，主张在此次增资时的优先认缴权，也即在有外部投资者A存在时，仍要保护张某的优先认缴权（2分），但其权利也仅限于自己的实缴比例不被稀释，并无权优先认购其他股东放弃的部分（2分）。

考点 068 公司的减资 ★★★

> **考查角度** 公司的减资程序，以及股东同比例减资规则。

	适用条件	减资程序	法律后果
常规减资	公司资产可弥补亏损	(1) 股东会作出减少注册资本决议； (2) 公司减少注册资本，应当编制资产负债表及财产清单； (3) 公司应当自股东会作出减少注册资本决议之日起 10 日内通知债权人，并于 30 日内在报纸上或者国家企业信用信息公示系统公告； (4) 债权人自接到通知之日起 30 日内，未接到通知的自公告之日起 45 日内，有权要求公司清偿债务或者提供相应的担保。	(1) 公司减少注册资本，应当按照股东出资的比例相应减少出资额； (2) 法律另有规定、有限责任公司全体股东另有约定的除外。 [提示] 同比例减资原则。
简易减资	公司依照法定顺序弥补亏损后，仍有亏损的，可以减少注册资本弥补亏损	(1) 股东会作出减少注册资本决议； (2) 公司应当自股东会作出减少注册资本决议之日起 30 日内在报纸上或者国家企业信用信息公示系统公告。	(1) 减少注册资本弥补亏损的，公司不得向股东分配，也不得免除股东缴纳出资或者股款的义务； (2) 公司依法减少注册资本后，在法定公积金和任意公积金累计额达到公司注册资本 50% 前，不得分配利润。

易混：

1. 增加注册资本无对债权人保护的要求。

2. 简易减资，无需通知债权人，债权人也无权要求公司清偿债务或提供相应的担保。

[法条链接]《公司法》第 224、225 条。

考点 069 违法减资的处理 ★★★

1. 违反《公司法》规定减少注册资本的，股东应当退还其收到的资金，减免股东出资的应当恢复原状。

2. 给公司造成损失的，股东及负有责任的董事、监事、高级管理人员应当承担赔偿责任。

提示 就违法减资和公司债权人的关系，目前在我国法律中没有明确。下列两种观点均来自最高人民法院近年裁判规则：

[观点1] 形式上的减资，股东不构成抽逃出资，不对公司债权人承担补充赔偿责任。（本书支持）

(1) 减资程序违法不能一概认定为股东抽逃出资。公司在减资过程中存在程序违法的情形，与股东利用公司减资而抽逃出资是两个不同的问题，违法减资的责任主体是公司，抽逃出资的责任主体是股东，故不能仅因公司减资程序违法就一概认定为股东抽逃出资。

（2）股东抽逃出资的行为本质上是股东侵犯公司财产权的行为，导致公司责任财产减少。如果在公司减资过程中，股东并未实际抽回资金（例如，未届认缴出资期限，股东认缴出资金额很高，现降低认缴出资金额，但未实际从公司取得股款），则属于<u>形式上的减资</u>，即公司登记的注册资本虽然减少，但公司的责任财产并未发生变化。

（3）上述情形下，虽然公司减资存在程序违法，应由相关管理机关对其实施一定的处罚，但股东并未利用公司减资程序实际抽回出资，未损害债权人的利益，因此不能因公司减资程序不合法就认定股东构成抽逃出资。

（4）结论：<u>形式上</u>的减资，股东不构成抽逃出资，不对公司债权人承担补充赔偿责任。

[观点2] 各股东在减资范围内承担补充赔偿责任。（本书不支持）

（1）公司在减资时未对已知债权人进行减资通知，使得债权人丧失了在公司减资前要求其清偿债务或提供担保的权利。该情形与股东违法抽逃出资的实质以及对债权人利益受损的影响，在本质上并无不同。

（2）因此，尽管我国法律未具体规定在公司不履行减资法定程序导致债权人利益受损时股东的责任，但可比照公司法的相关原则和规定来加以认定。

（3）结论：由于公司在减资行为上存在瑕疵，致使减资前形成的公司债权在减资之后清偿不能的，股东应在公司减资数额范围内对公司债务不能清偿的部分<u>承担补充赔偿责任</u>。

[法条链接]《公司法》第 226 条。

四、公司清算

> 考查角度 >> 判断谁是公司清算义务人，以及是否承担赔偿责任。

清算，是指在公司解散后，清算义务人处理公司未了结的业务、偿还公司所欠税款、清偿公司债务、向股东分配剩余财产。这一系列工作完成后，申请公司注销登记。

🔸易混：此处的"清算"≠破产清算程序，后者要遵守《企业破产法》中的规则。

考点 070 公司清算义务人

1. <u>董事为公司清算义务人</u>，应当在解散事由出现之日起 15 日内组成清算组进行清算。
2. 清算组由董事组成，但是公司章程另有规定或者股东会决议另选他人的除外。
3. 公司逾期不成立清算组进行清算或者成立清算组后<u>不清算</u>的，利害关系人可以申请人民法院指定有关人员组成清算组进行清算。

4. 公司因依法被吊销营业执照、责令关闭或者被撤销而解散的，作出吊销营业执照、责令关闭或者撤销决定的部门或者公司登记机关，可以申请人民法院指定有关人员组成清算组进行清算。

[法条链接]《公司法》第 232 条第 1、2 款，第 233 条。

考点 071 清算行为

1. 申报债权

（1）清算组应当自成立之日起 10 日内通知债权人，并于 60 日内公告；

（2）债权人应当自接到通知之日起 30 日内，未接到通知的自公告之日起 45 日内，向清算组申报其债权。

2. 制定清算方案并分配剩余财产

（1）清算组应当制订清算方案，并报股东会或者人民法院确认；

（2）公司解散时股东尚未缴纳的出资均应作为清算财产，不受诉讼时效、出资期限的限制；

（3）按照下列顺序清偿：支付清算费用→支付职工的工资、社会保险费用和法定补偿金→缴纳所欠税款→清偿公司债务→股东分配剩余财产。

3. 清算中的禁止行为

（1）在申报债权期间，清算组不得对债权人进行清偿；

（2）清算期间，公司存续，但不得开展与清算无关的经营活动；

（3）公司财产在未依照前述顺序清偿前，不得分配给股东。（股东分配剩余财产）

[法条链接]《公司法》第 235 条第 1、3 款，第 236 条。

考点 072 清算人的义务和赔偿责任

清算组成员履行清算职责，负有忠实义务和勤勉义务。

1. 清算义务人未及时履行清算义务，给公司或者债权人造成损失的，应当承担赔偿责任。

常见情形：如未在法定期限内成立清算组开始清算。

2. 因故意或者重大过失给债权人造成损失的，应当承担赔偿责任。

常见情形：例如，恶意处置公司财产给债权人造成损失；未经依法清算，以虚假的清算报告骗取公司登记机关办理法人注销登记；公司未经清算即办理注销登记，导致公司无法进行清算。

3. 清算组成员怠于履行清算职责，给公司造成损失的，应当承担赔偿责任。

下列情形，不构成"怠于履行"，不对公司债务承担连带清偿责任：

(1) 举证证明其已经为履行清算义务采取了积极措施；

(2) "有因无果，不构成怠于履行"：举证证明其"怠于履行义务"的消极不作为与"公司主要财产、账册、重要文件等灭失，无法进行清算"的结果之间没有因果关系。

一招制敌 清算义务人的赔偿责任，其性质是怠于履行清算义务致使公司无法清算所应当承担的侵权责任。

[法条链接]《公司法》第 232 条第 3 款、第 238 条；《九民纪要》第 14、15 点。

考点 073 公司注销

情形1 ▶ 正常注销登记

公司清算结束后，清算组应当制作清算报告，报股东会或者人民法院确认，并报送公司登记机关，申请注销公司登记。

情形2 ▶ 简易注销登记

公司在存续期间未产生债务，或者已清偿全部债务的：
(1) 经全体股东承诺，可以通过简易程序注销公司登记。
(2) 程序为：通过国家企业信用信息公示系统予以公告，公告期限不少于20日。公告期限届满后，未有异议的，公司可以在20日内向公司登记机关申请注销公司登记。
(3) 公司通过简易程序注销公司登记，股东承诺不实，应当对注销登记前的债务承担连带责任。

情形3 ▶ 拖延清算

公司被吊销营业执照、责令关闭或者被撤销，满3年未申请注销公司登记的：
(1) 公司登记机关可以通过国家企业信用信息公示系统予以公告，公告期限不少于60日。公告期限届满后，未有异议的，公司登记机关可以注销公司登记。
(2) 原公司股东、清算义务人的责任不受影响。

情形4 ▶ 转变为破产清算

(1) 清算组发现公司财产不足清偿债务的，应当依法向人民法院申请破产清算；
(2) 人民法院受理破产申请后，清算组应当将清算事务移交给人民法院指定的破产管理人。

[法条链接]《公司法》第 237、239~241 条。

迷你案例

1. 案情：法院于2017年2月作出解散昌顺公司的判决。判决作出后，各方既未提出上诉，也未按规定成立清算组，更未进行实际的清算。在公司登记机关，昌顺公司仍登记至今，而各承租商户也继续依约向公司交付租金。(改编自 2017 年司考真题)

问题：解散公司的判决生效后，就昌顺公司的后续行为及其状态，在法律上应如何评价？为什么？(5分)

答案：昌顺公司被司法判决解散后仍然继续存在是不合法的。(1分)(提示：先写

"评价对象+结论")

依据《公司法》第232~242条所规定的程序,解散判决生效后,公司就必须经过清算程序走向终止。(2分)本案中,解散公司的判决生效后,昌顺公司未成立清算组,也未进行实际的清算,仍保留公司登记至今,并继续维持经营状态,显然违反上述法律规范。(2分)

2. 案情:甲、乙、丙共同组建B有限责任饮料公司,所占股份分别为80%、10%、10%。B饮料公司成立后经营一直不景气,已欠市农商银行贷款100万元未还。2018年,经股东会决议,决定把饮料公司唯一盈利的保健品车间分出去,另成立有独立法人资格的保健品厂。1年后,保健品厂也出现严重亏损,资不抵债。

2019年,A公司向B公司供应食品原材料,B公司尚欠货款139万元。2020年1月,B公司因为未年检被工商部门吊销营业执照,但至今一直未组织清算。B公司实际由大股东甲控制,乙、丙两人未参与过B公司的经营管理,B公司被吊销营业执照后,乙、丙也曾委托律师对B公司进行清算,但由于B公司财物多次被债权人哄抢,账册及财产均下落不明,导致两人无法对其进行清算。(综合改编自2003年司考真题、最高人民法院指导案例9号)

问1:B饮料公司设立保健品厂的行为在公司法上属于什么性质的行为?设立后,饮料公司原有的债权债务应如何承担?(3分)

答案:属于公司分立。(1分)在责任承担方面,本案中,饮料公司在分立前并未和市农商银行进行书面约定,故该笔债务应由饮料公司和保健品厂承担连带责任。(2分)

问2:B公司无法清算时,债权人能否要求股东甲、乙、丙对公司债务承担连带责任?(4分)

答案:不能。(1分)债权人仅可主张甲对B公司债务承担连带清偿责任。本案中,乙、丙两位股东未参与公司经营,并积极履行了清算义务,不能认定其怠于履行清算义务,故无需对B公司债务承担连带责任。(3分)

09 公司经营中的特殊合同

一、关联关系 ★★★

> 考查角度 » 判断关联交易合同的效力以及责任承担。

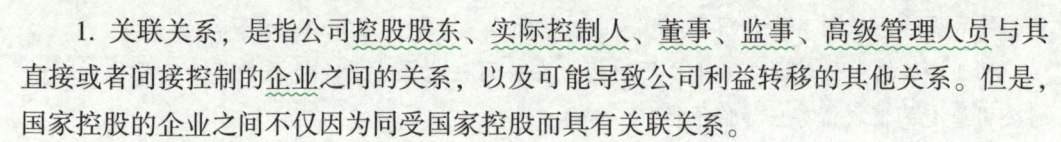

考点 074 关联关系的认定

1. 关联关系，是指公司控股股东、实际控制人、董事、监事、高级管理人员与其直接或者间接控制的企业之间的关系，以及可能导致公司利益转移的其他关系。但是，国家控股的企业之间不仅因为同受国家控股而具有关联关系。

2. 正当的关联关系与抽逃出资的区别

（1）抽逃出资，其行为方式之一为"公司成立后相关股东利用关联交易将出资转出且损害公司权益"。

（2）抽逃出资和正当关联关系的区别，关键在于是否具备"真实合法的商业目的"。具有"真实合法的商业目的"的关联交易，应认定为合法交易。只有"以抽回出资为目的"的关联交易，才宜认定为"抽逃出资"。

例如，公司成立1个月后，股东甲因急需资金，向公司提出借款100万元。公司为此召开临时股东会议，作出以下决议：同意借给甲100万元，借期6个月，每月利息1万元。甲向公司出具了借条。虽甲至今一直未归还借款，但每月均付给公司利息。该案可追究甲的违约责任，但不能认定甲抽逃出资，因为甲的借款具备真实合法的商业目的。

> 一招制敌 → 关联交易并非被禁止，关键要看是否有正当的交易目的。

考点 075 利用关联关系损害公司利益的处理

1. 关联交易的合同，依据民法确定其效力。

2. 公司的控股股东、实际控制人、董事、监事、高级管理人员不得利用关联关系损害公司利益。违反前述规定，给公司造成损失的，应当承担赔偿责任。

3. 关联交易损害公司利益，公司请求控股股东、实际控制人、董事、监事、高级管理人员赔偿所造成的损失，被告仅以该交易已经履行了信息披露、经股东会同意等法律、行政法规或者公司章程规定的程序为由抗辩的，人民法院不予支持。

一招制敌 关联交易的核心是公平，尽管交易已经履行了相应的程序，但如果违反公平原则，损害公司利益，公司依然可以主张行为人承担损害赔偿责任。

[法条链接]《公司法》第 22 条；《公司法解释（五）》第 1 条第 1 款。

迷你案例

案情：张某是大萱医美公司第一大股东兼董事长，同时是小萱公司股东、监事。2019年，大萱公司与小萱公司签订《经销商合同书》，大萱公司授权小萱公司为该医美品牌A市独家经销商，但享有省级代理的价格优惠待遇，并由大萱公司无条件承担小萱公司全部的市场经营费用，这使得大萱公司1年损失超过百万余元。但就该项交易，大萱公司召开了股东会并经合法表决通过。

问题：本案应当如何处理？（3分）

答案：本案构成关联交易纠纷。（1分）正当的关联交易的核心是公平。（1分）本案中，关联交易虽经股东会同意并履行了法定程序，但违反公平原则，损害大萱公司的利益，大萱公司依然可以主张行为人承担损害赔偿责任。（1分）

二、公司担保纠纷★★★

考查角度 公司是否构成越权担保，以及公司担保责任的认定和处理。

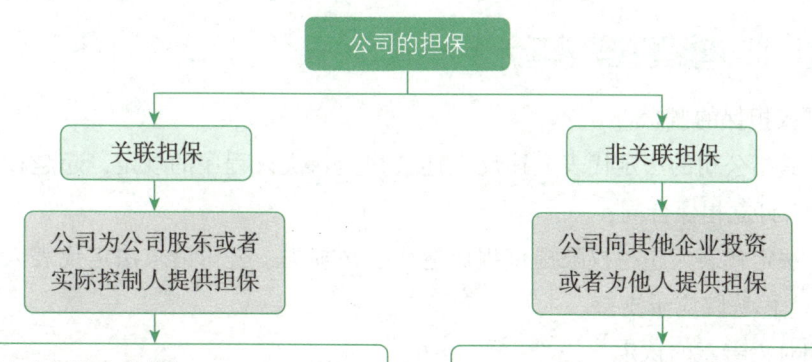

考点 076 公司担保的决议程序★★★

公司的担保

关联担保：公司为公司股东或者实际控制人提供担保
（1）应当经股东会决议；
（2）被担保的股东或者受前述规定的实际控制人支配的股东，不得参加前述规定事项的表决；（排除利害关系股东的表决权）
（3）该项表决由出席会议的其他股东所持表决权的过半数通过。

非关联担保：公司向其他企业投资或者为他人提供担保
（1）按照公司章程的规定，由董事会或者股东会决议；
（2）公司章程对投资或者担保的总额及单项投资或者担保的数额有限额规定的，不得超过规定的限额。

考点 077 无需担保决议的五种情况 ★★★

下述五种例外情形，公司未依照上述规定作出决议的，公司要承担担保责任：

1. 金融机构开立保函或者担保公司提供担保

［例］A公司是小额担保贷款公司，担保是其主要业务，则A公司担保无需出具公司决议。

2. 公司为其全资子公司开展经营活动提供担保

［例］A公司投资设立B公司，B公司的全部资金均来源于A公司，则B公司是A公司的全资子公司。此时，A公司为B公司的借款提供担保的，无需A公司出具同意担保的决议。

3. 担保合同系由单独或者共同持有公司2/3以上对担保事项有表决权的股东签字同意

4. 一人公司为其股东提供担保

［例］B公司是A公司的全资子公司（B公司是一人公司），则B公司为其唯一股东A公司的借款提供担保的，无需B公司召开股东会出具同意担保的决议，因为此时B公司仅有A公司一个股东，无法满足排除被担保股东（A公司）表决权的要求。

5. 相对人根据上市公司公开披露的关于担保事项已经董事会或者股东会决议通过的信息，与上市公司订立担保合同的，担保合同对上市公司发生效力，并由上市公司承担担保责任

原理 担保行为不是法定代表人所能单独决定的事项，除上述五种例外情况外，要以公司的决议作为担保授权的基础和来源。

考点 078 越权担保的处理 ★★★

1. 越权担保的概念

（1）其指公司的法定代表人违反上述公司担保决议程序的规定，超越权限代表公司与相对人订立担保合同；

（2）法定代表人超越权限提供担保造成公司损失，公司请求法定代表人承担赔偿责任的，人民法院应予支持。

2. 相对人善意的认定

（1）其指相对人在订立担保合同时不知道且不应当知道法定代表人超越权限；

（2）相对人有证据证明已对公司决议进行了合理审查，人民法院应当认定其构成善意，但是公司有证据证明相对人知道或者应当知道决议系伪造、变造的除外。

3. 担保合同的效力与责任承担

	担保合同的效力	责任承担
相对人善意	担保合同对公司发生效力	公司承担担保责任。
相对人非善意	担保合同对公司不发生效力	相对人请求公司承担赔偿责任的，区分不同情形确定： (1) 主合同有效而第三人提供的担保合同无效：①债权人与担保人均有过错的，担保人承担的赔偿责任不应超过债务人不能清偿部分的1/2；②担保人有过错而债权人无过错的，担保人对债务人不能清偿的部分承担赔偿责任；③债权人有过错而担保人无过错的，担保人不承担赔偿责任。 (2) 主合同无效导致第三人提供的担保合同无效：①担保人无过错的，不承担赔偿责任；②担保人有过错的，其承担的赔偿责任不应超过债务人不能清偿部分的1/3。

[例] 请判断下列情况下，债权人（甲银行）是否尽到合理审查义务。

A公司和甲银行签订借款100万元的合同，萱草公司为该合同提供担保。

(1) 若A公司是萱草公司的股东。萱草公司董事会作出为该笔借款提供担保的决议。据此决议，萱草公司董事长高某与甲银行签订担保合同，该份担保合同由董事长高某签名并加盖萱草公司公章。甲银行是否尽到了合理审查义务？（没有尽到合理审查义务。董事会决议违反法律规定，甲银行不构成善意。）

(2) 若A公司不是萱草公司的股东。萱草公司章程规定，为其他人提供担保也需要股东会决议，但本次萱草公司由董事会作出为该笔借款提供担保的决议。据此决议，萱草公司董事长高某与甲银行签订担保合同，该份担保合同由董事长高某签名并加盖萱草公司公章。甲银行是否尽到了合理审查义务？（尽到了合理审查义务。为他人提供担保可以由董事会决议，甲银行构成善意。）

迷你案例

案情：枫桥公司将一栋写字楼的第18~20三层分别出租给甲、乙、丙三个公司，其中甲公司为恒通公司的全资子公司、乙公司为恒通公司的控股子公司、丙公司为恒通公司的参股子公司。租赁合同中约定月租金为90万元，3个月一付……恒通公司法定代表人未经公司决议，为甲、乙、丙三公司的租金支付义务提供连带责任担保。(2021年法考民法题目中涉及担保的案情)

问题：恒通公司是否需要对甲、乙、丙公司的租金支付问题承担连带担保责任？（6分）

答案：(1) 恒通公司应当对甲公司的租金债务承担连带担保责任。（1分）

根据《担保制度解释》第8条第1款第2项的规定，公司为其全资子公司开展经营活动提供担保的，无需公司股东会决议。（1分）本题告知，甲公司是恒通公司的全资子公司，故恒通公司为其提供担保的合同，即使没有恒通公司决议这一前提，仍属有效。恒通公司需对甲公司的租金债务承担连带担保责任。（1分）

（2）恒通公司无需对乙、丙公司的租金债务承担连带担保责任。（1分）

乙、丙公司仅是由恒通公司参股，并非恒通公司的全资子公司，根据《公司法》第15条第1款的规定，公司为他人提供担保，需要提供有效决议，否则构成越权代表。（1分）并且债权人没有尽到审查决议的合理注意义务，不能证明自己为善意，故恒通公司无需对乙、丙公司的租金债务承担连带担保责任。（1分）

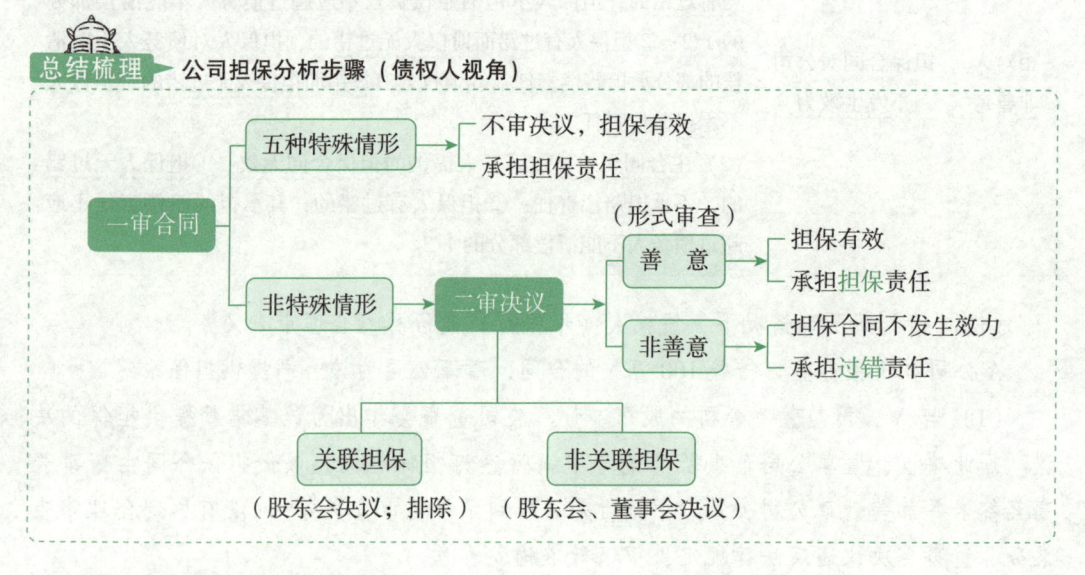

总结梳理 公司担保分析步骤（债权人视角）

```
                   ┌─ 五种特殊情形 ──→ 不审决议，担保有效
                   │                  承担担保责任
                   │
        一审合同 ──┤                              （形式审查）
                   │                         ┌─ 善意 ──→ 担保有效
                   │                         │          承担担保责任
                   └─ 非特殊情形 ─→ 二审决议 ┤
                                             └─ 非善意 ─→ 担保合同不发生效力
                                                         承担过错责任

                              关联担保           非关联担保
                          （股东会决议；排除）  （股东会、董事会决议）
```

三、股权让与担保 ★★★

考查角度

1. 和民法结合，判断该类合同以及特殊合同条款的效力（如是否构成流质流押），分析债权人是否有权优先受偿。
2. 以股权作为让与担保的标的，更加复杂，出题概率较大。

让与担保，是指债务人或者第三人通过将动产、不动产或者股权等财产转让至债权人名下的方式，为主合同项下的债务提供担保。

考点 079 股权让与担保合同的效力 ★

1. 债务人（或者第三人）与债权人约定将财产形式上转移至债权人名下，债务人不履行到期债务，债权人有权对财产折价或者以拍卖、变卖该财产所得价款偿还债务的，应当认定该约定有效。

> **易错**："让与担保"是以"转让"之名，行"担保"之实，故均依据担保规则处理。

2. 债务人（或者第三人）与债权人约定将财产形式上转移至债权人名下，债务人不履行到期债务，财产归债权人所有的，应当认定该约定无效，但是不影响当事人有关提供担保的意思表示的效力。

[例] A公司向甲公司借款，为了担保A公司按期还款，双方约定A公司将其持有的B公司股权转移至甲公司名下。双方同时约定，债务到期后，若A公司按期还款，则甲公司归还股权；若A公司到期不还款，则股权归甲公司所有。该案构成股权让与担保，要遵守关于担保的规则。双方约定债务人（A公司）不履行到期债务时，股权归债权人（甲公司）所有，构成流质条款，该约定无效，但不影响担保的效力。

[法条链接]《担保制度解释》第68条第1、2款。

迷你案例

案情：高某向第三人刘某借款，为了担保高某按期还款，双方约定高某将其持有的萱草公司股权转移至刘某名下。双方同时约定，债务到期后若高某按期还款，则刘某归还股权；若高某到期不还款，则股权归债权人刘某所有。据此协议，刘某被记载到萱草公司股东名册并且变更了工商登记。

问题：双方约定"若高某到期不还款，则股权归债权人刘某所有"，该约定是否有效？为什么？（3分）

答案：该约定无效。（1分）该合同为股权让与担保合同，要遵守关于担保的所有规则。（1分）若约定债务人不履行到期债务则股权归债权人所有，构成流质条款，该约定无效。（1分）

考点 080 债权人享有优先受偿权的条件 ★

1. 当事人已经完成财产权利变动的公示，债务人不履行到期债务，债权人请求参照《民法典》关于担保物权的规定对财产折价或者以拍卖、变卖该财产所得的价款优先受偿的，人民法院应予支持。

一招制敌 ▶ 牢记 ▶ 完成财产权利变动的公示后，债权人才可享有优先受偿权。

2. 债务人履行债务后请求返还财产，或者请求对财产折价或者以拍卖、变卖所得的价款清偿债务的，人民法院应予支持。

考点 081 以股权设定让与担保的特殊问题 ★★★

1. 前提：债务人以瑕疵股权设定让与担保。即股东未履行或者未全面履行出资义务、抽逃出资，又以将该瑕疵股权转移至债权人名下的方式为债务履行提供担保。

2. 处理：公司或者公司的债权人请求作为名义股东的债权人与股东承担连带责任

的，人民法院不予支持。

> **原理**
> 股权让与担保中，债权人仅为"名义上的股东"，其和公司无实质关联。

[图例] 瑕疵股权让与担保

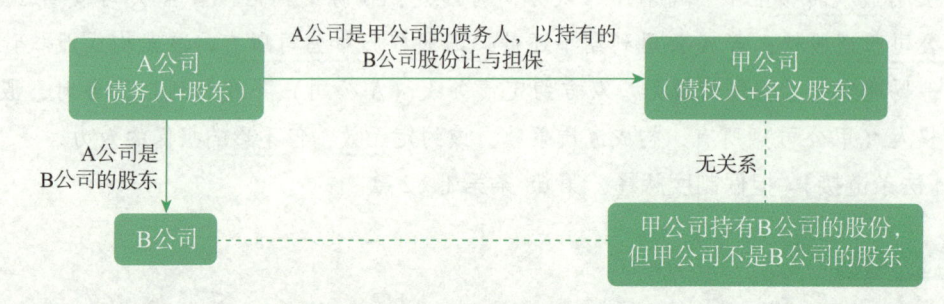

```
A公司                A公司是甲公司的债务人，以持有的            甲公司
(债务人+股东)  ──────  B公司股份让与担保  ──────→  (债权人+名义股东)
     │
A公司是│                                                 无关系
B公司的│股东
     ↓                                          甲公司持有B公司的股份，
   B公司  ────────────────────────              但甲公司不是B公司的股东
```

注：①甲公司是B公司的"名义股东"≠代持股协议中的"名义股东"，此处的"名义股东"意指"无实质关系"；
②甲公司无需对B公司承担股东义务，也不享有股东权利。

> **总结梳理**
> 股权让与担保有效性的认定和处理，可细分为四个方面：
>
> - 让与担保合同是否有效
> - 是否构成流质、流押条款
> - 债权人能否优先受偿
> - 瑕疵股权让与担保如何处理

[法条链接]《担保制度解释》第69条。

四、对赌协议

> **考查角度**
> 1. 判断某些特殊交易条款是否构成对赌协议；如果构成对赌协议，分析其合同效力以及合同履行问题。
> 2. 尤其关注对赌协议的履行规则。

对赌协议，又称估值调整协议，是指投资方与融资方在达成股权性融资协议时，为解决交易双方对目标公司未来发展的不确定性、信息不对称以及代理成本的问题而设计的包含了股权回购、金钱补偿等对未来目标公司的估值进行调整的协议。

考点 082 对赌协议的效力认定

不论是与目标公司签订对赌协议，还是与目标公司的股东签订对赌协议，只要不存在法定无效事由，该协议即为有效。

例如，萱草公司决定引进外部投资者张三，向张三签发的出资证明书上写明"张三出资1000万元，占股5%。公司承诺3年内利润总额达到4000万元，如果到期不能完成，由公司按每年8%的利息返还本金和利息"。这是和目标公司签订的对赌协议。

如果约定"若萱草公司到期不能上市，由公司的大股东李某按每年8%的利息返还本金和利息"，则是和股东签订的对赌协议。

上述两例中的对赌协议均有效。

考点 083 对赌协议的履行规则

1. 与目标公司的股东签订对赌协议：支持实际履行。
2. 与目标公司签订的对赌协议

（1）投资方请求目标公司回购股权的，法院应当审查是否符合"股东不得抽逃出资"的条件，是否符合"股份回购的强制性规定"。目标公司未完成减资程序的，法院应当驳回其诉讼请求。

（2）投资方请求目标公司承担金钱补偿义务的，法院应当审查是否符合"股东不得抽逃出资"的条件，是否符合利润分配的强制性规定。目标公司没有利润或者虽有利润但不足以补偿投资方的，法院应当驳回或者部分支持其诉讼请求。今后目标公司有利润时，投资方还可以依据该事实另行提起诉讼。

一招制敌 对赌协议，合同均有效；能否实际履行，看是否违反《公司法》。

[法条链接]《九民纪要》第5点第2、3款。

迷你案例

案情：汪某是蓝鸥股份有限公司的大股东兼法定代表人。汪某以公司名义与爱思基金签订增资协议，爱思基金投资2亿元用以增加公司注册资本。该次增资后3年内公司完成上市。若未完成该目标，蓝鸥股份有限公司以市场价格收购爱思基金持有的公司股权。

问题：若未完成上市目标，该股权收购协议是否有效？（3分）

答案：有效。（1分）根据《九民纪要》中关于"对赌协议"的效力及履行的规定（1分），不论是与目标公司签订对赌协议，还是与目标公司的股东签订对赌协议，只要不存在法定无效事由，该协议即为有效（1分）。

10 股份有限公司、上市公司相关考点

考情分析

到 2024 年，主观题中尚未考查过股份有限公司。但在主观题中可做如下案情设计：甲有限责任公司，规模越来越大，经过吸收股份变更为甲股份有限公司。若干年后，甲股份有限公司符合《证券法》的要求，成为上市公司。

提示 由于考查概率较小，因此本专题仅选取"公司变更""公司变更后组织机构的差异性"两个角度展开。

考点 084 股份有限公司

（一）公司形式变更

公司法允许"有限责任公司"和"股份有限公司"两种类型之间进行变更。其要点为：

1. 有限责任公司→股份有限公司

（1）股东会作出变更公司形式的决议，必须经代表 2/3 以上表决权的股东通过；

（2）变更为股份有限公司应当符合股份有限公司的条件；（即符合公司的设立条件）

（3）变更为股份有限公司，既可以采取发起设立的方式，也可以采取募集设立的方式；

（4）变更为股份有限公司时，折合的实收股本总额不得高于公司净资产额；（净资产额=资产额-负债）

（5）公司变更前的债权、债务由变更后的公司承继。

2. 股份有限公司→有限责任公司。（略）

一招制敌 公司形式变更=新公司设立。

[法条链接]《公司法》第 12 条，第 66 条第 3 款，第 91、108 条（公司变更）。

[例] A 有限责任公司注册资本为 1 亿元，后公司收益颇丰，资产达到 2 亿元，公司对外负债 3000 万元。现有股东欲将 A 有限责任公司转为 A 股份有限公司，为将来上

市做准备。A股份有限公司折合股份的最高数额是多少？（1.7亿元。净资产额=资产额-负债，它和公司的经营紧密相连，数额也随公司的经营情况而变动。）

（二）组织机构的特殊规则

和有限责任公司相比，股份有限公司的组织机构有下列不同规则：

1. 董事会

（1）董事会会议，应当由董事本人出席；董事因故不能出席，可以书面委托其他董事代为出席，委托书应当载明授权范围。

（2）董事会的决议违反法律、行政法规或者公司章程、股东会决议，给公司造成严重损失的，参与决议的董事对公司负赔偿责任；经证明在表决时曾表明异议并记载于会议记录的，该董事可以免除责任。

（3）审计委员会成员为3名以上，过半数成员不得在公司担任除董事以外的其他职务，且不得与公司存在任何可能影响其独立客观判断的关系。

2. 监事会

规模较小或者股东人数较少的股份有限公司，可以不设监事会，设1名监事。

(提示) 董事会、监事会的其他规则，和有限责任公司相同。（见上文）

[法条链接]《公司法》第121条第1、2款，第125、133条。

考点 085 上市公司组织机构的特殊规则

上市公司，是指其股票在证券交易所上市交易的股份有限公司。其组织机构除了要符合股份有限公司的要求外，还要符合下列特殊规则：

1. 独立董事

（1）上市公司董事会成员中应当至少包括1/3的独立董事，其中至少包括1名会计专业人士；

（2）独立董事每届任期与上市公司其他董事任期相同，任期届满，可以连选连任，但是连续任职不得超过6年。

2. 审计委员会的前置性决议程序

（1）适用情形：有关财务和审计工作事项。具体包括：①聘用、解聘承办公司审计业务的会计师事务所；②聘任、解聘财务负责人；③披露财务会计报告；④国务院证券监督管理机构规定的其他事项。

（2）处理：董事会对上述事项作出决议前，应当经审计委员会全体成员过半数通过。

[法条链接]《公司法》第134、136、137条；《上市公司独立董事管理办法》第5条第1款、第13条。

第 2 讲 LECTURE 02

破 产 法

鄢梦萱 主观题

考情分析

破产法尚未在主观题中出现独立命题。但其常和公司法、民法、民事诉讼法试题结合，考查公司破产环节的相关知识。

考查角度	考查年份/次数	考点概述
破产法中的程序问题	2019 年/1 次	1. 被受理破产后和之前诉讼仲裁程序衔接。 2. 关联企业破产案件的审理；合并破产的后果。
	无/预测	1. 重整期间对债权人、出资人、债务人等采取的特殊规则。 2. 被法院宣告破产后，对各项债权的具体清偿要求。
破产法中的实体问题	2014 年/2 次 （2 问均考查取回权）	分析针对债务人财产的各种处理（如取回、追回、撤销、抵销）是否有效。
	2005 年/2 次 （1 问考查取回权，1 问考查保证人破产）	1. 分析破产程序对合同及现有债权的影响。 2. 保证人破产如何处理；债务人与保证人均破产如何处理；保证人部分清偿能否申报债权。

知识框架

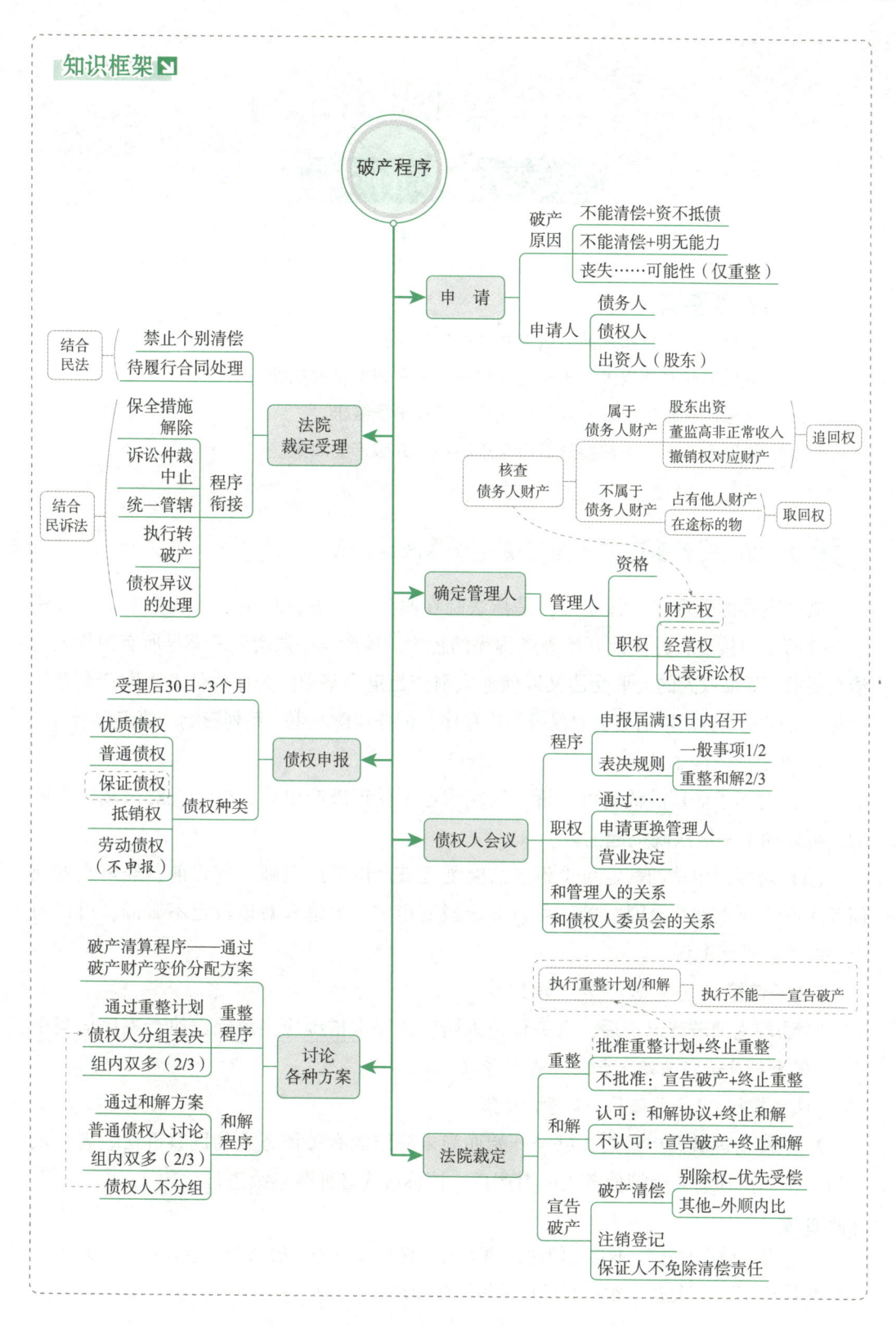

```
破产程序
├── 申请
│   ├── 破产原因
│   │   ├── 不能清偿+资不抵债
│   │   ├── 不能清偿+明无能力
│   │   └── 丧失……可能性（仅重整）
│   └── 申请人
│       ├── 债务人
│       ├── 债权人
│       └── 出资人（股东）
├── 法院裁定受理
│   ├── 结合民法
│   │   ├── 禁止个别清偿
│   │   └── 待履行合同处理
│   └── 结合民诉法（程序衔接）
│       ├── 保全措施解除
│       ├── 诉讼仲裁中止
│       ├── 统一管辖
│       ├── 执行转破产
│       └── 债权异议的处理
├── 确定管理人
│   ├── 核查债务人财产
│   │   ├── 属于债务人财产
│   │   │   ├── 股东出资
│   │   │   ├── 董监高非正常收入
│   │   │   └── 撤销权对应财产 — 追回权
│   │   └── 不属于债务人财产
│   │       ├── 占有他人财产
│   │       └── 在途标的物 — 取回权
│   └── 管理人
│       ├── 资格
│       └── 职权
│           ├── 财产权
│           ├── 经营权
│           └── 代表诉讼权
├── 债权申报（受理后30日~3个月）
│   └── 债权种类
│       ├── 优质债权
│       ├── 普通债权
│       ├── 保证债权
│       ├── 抵销权
│       └── 劳动债权（不申报）
├── 债权人会议
│   ├── 程序
│   │   ├── 申报届满15日内召开
│   │   └── 表决规则
│   │       ├── 一般事项1/2
│   │       └── 重整和解2/3
│   ├── 职权
│   │   ├── 通过……
│   │   ├── 申请更换管理人
│   │   └── 营业决定
│   ├── 和管理人的关系
│   └── 和债权人委员会的关系
├── 讨论各种方案
│   ├── 破产清算程序——通过破产财产变价分配方案
│   ├── 重整程序
│   │   ├── 通过重整计划
│   │   ├── 债权人分组表决
│   │   └── 组内双多（2/3）
│   └── 和解程序
│       ├── 通过和解方案
│       ├── 普通债权人讨论
│       ├── 组内双多（2/3）
│       └── 债权人不分组
└── 法院裁定
    ├── 执行重整计划/和解 — 执行不能——宣告破产
    ├── 重整
    │   ├── 批准重整计划+终止重整
    │   └── 不批准：宣告破产+终止重整
    ├── 和解
    │   ├── 认可：和解协议+终止和解
    │   └── 不认可：宣告破产+终止和解
    └── 宣告破产
        ├── 破产清偿
        │   ├── 别除权-优先受偿
        │   └── 其他-外顺内比
        ├── 注销登记
        └── 保证人不免除清偿责任
```

11 破产法中的程序问题

考查角度

1. 被受理破产后和之前诉讼仲裁程序如何衔接。
2. 重整期间对债权人、出资人、债务人等采取的特殊规则。
3. 被法院宣告破产后,对各项债权的具体清偿要求。
4. 关联企业破产案件特殊的审理规则;合并破产的后果。

考点 086 破产受理的法律后果(程序衔接) ★

破产案件的受理,又称立案,是指法院在收到破产案件申请后,认为申请符合法定条件而予以接受,并由此开始破产程序的行为。破产程序强调公平满足所有债权人的清偿要求,而债权人的公平受偿又以债务人财产稳定为基础。为保障债务人财产利益最大化,法院受理破产申请后会对民事诉讼程序、债务清偿产生一系列影响。要点包括:

1. 可上诉的两个裁定

(1)对不予受理的裁定可上诉。法院裁定不受理破产申请,申请人对该裁定不服的,可以向上一级法院提起上诉。

(2)对驳回申请的裁定可上诉。法院受理破产申请后至破产宣告前,经审查发现债务人不符合"破产原因"的,可以裁定驳回申请。申请人对该裁定不服的,可以向上一级法院提起上诉。

[法条链接]《企业破产法》第12条。

2. 法院受理破产申请后,有关债务人财产的保全措施应当解除,执行程序应当中止。(保全措施是指冻结、扣押、查封等措施)

[法条链接]《企业破产法》第19条。

3. 法院受理破产申请后,已经开始而尚未终结的有关债务人的民事诉讼或者仲裁应当中止;在管理人接管债务人的财产后,该诉讼或者仲裁继续进行。

原理 因为"破产程序"不具备解决当事人实体权利义务争议的功能,所以在"管理人接管财产后",恢复进行被中止的民事诉讼或仲裁。

[法条链接]《企业破产法》第 20 条。

4. 法院受理破产申请后，有关债务人的民事诉讼，只能向受理破产申请的法院提起。

[法条链接]《企业破产法》第 21 条。

5. 债权异议的处理

"债权异议"处理的总原则是：有仲裁需仲裁；无仲裁则诉讼。要点为：

（1）在破产申请受理前，当事人之间订立有仲裁条款或仲裁协议的，应当向选定的仲裁机构申请确认债权债务关系；

（2）破产申请受理前没有订立仲裁条款或仲裁协议的，异议人应当在债权人会议核查结束后 15 日内向法院提起债权确认的诉讼。

[法条链接]《破产法解释（三）》第 8 条。

6. 法院受理破产申请后，债务人对个别债权人的债务清偿无效。包括对任何债权人（含担保物权人）的个别清偿，均无效。

[法条链接]《企业破产法》第 16 条。

7. 法院受理破产申请后，对双方均未履行完毕的合同，管理人享有决定权。

（1）管理人自破产申请受理之日起 2 个月内未通知对方当事人，或者自收到对方当事人催告之日起 30 日内未答复的，视为解除合同。

（2）管理人决定继续履行合同的，对方当事人应当履行；但是，对方当事人有权要求管理人提供担保。管理人不提供担保的，视为解除合同。

[法条链接]《企业破产法》第 18 条。

迷你案例

案情：萱草公司和甲公司因货款纠纷，甲公司向 A 法院提起诉讼，诉讼中 A 法院查封了萱草公司的涉案货物。后于 2020 年 10 月，B 法院受理萱草公司的破产申请。

问题：破产受理后，A 法院是否可以处置该批被查封的货物？（3 分）

答案：不可以。（1 分）受理破产申请后，有关债务人财产的保全措施应当解除，执行程序应当中止。（1 分）如果处置该批被查封货物，虽维护了甲公司利益，但会导致萱草公司财产减少，侵害其他债权人的利益。所以，应当解除该保全措施，甲公司和其他债权人一样，依程序申报债权。（1 分）

考点 087 重整程序对营业的特殊保护 ★

重整，是指对可能或已经发生破产原因但又有挽救希望的法人企业，通过对各方利害关系人的利益协调，借助法律强制进行营业重组与债务清理，以避免企业破产的法律制度。

为了促使重整能够顺利进行以避免债务人企业陷入破产的境地，法律对重整期间这一特殊时间段加以营业保护，对某些权利人行使权利加以限制。

具体而言，营业保护体现在下列方面：

1. 在重整期间，经债务人申请，法院批准，债务人可以在管理人的监督下自行管理财产和营业事务。

2. 在重整期间，债务人或者管理人为继续营业而借款的，可以为该借款设定担保。

3. 在重整期间，对债务人的特定财产享有的担保权暂停行使。但是，担保物有损坏或者价值明显减少的可能，足以危害担保权人权利的，担保权人可以向法院请求恢复行使担保权。

4. 债务人合法占有的他人财产，该财产的权利人在重整期间要求取回的，应当符合事先约定的条件。

例如，萱草公司租赁金公司 10 辆汽车。

情形 1：租赁期 3 年，重整期间内未到期→金公司不得主张取回汽车。

情形 2：租赁期 3 个月，重整期间内到期→金公司可以主张取回。

5. 在重整期间，债务人的出资人不得请求投资收益分配。

6. 在重整期间，债务人的董事、监事、高级管理人员不得向第三人转让其持有的债务人的股权。但是，经法院同意的除外。

［法条链接］《企业破产法》第 73 条第 1 款、第 75~77 条。

考点 088 破产清算程序 ★

法院作出破产宣告的裁定，标志着债务人进入破产清算程序。该程序中，破产管理人对破产财产进行清算、评估、处理，并按照规定的程序和规则对破产财产进行分配，最终目的是企业注销。

（一）可优先清偿的债权

"优先清偿"，是指就破产人的特定财产"个别地、排他地"接受清偿，不参加集体清偿。其具体包括：

1. 破产宣告后，对破产人的特定财产享有担保权的权利人，对该特定财产享有优先受偿的权利。

（1）上述债权人行使优先受偿权利未能完全受偿的，其未受偿的债权作为普通债权；

（2）放弃优先受偿权利的，其债权作为普通债权。（普通债权，要参加下文的"按顺序清偿"）

［法条链接］《企业破产法》第 109、110 条。

2. 在建设工程价款与建筑物抵押权同时并存时，建筑工程承包人的优先受偿权优于抵押权和其他债权。

（二）其他清偿规则

1. 破产财产在优先清偿破产费用和共益债务后，依照下列顺序清偿：

第1顺序	第2顺序	第3顺序
职工债权[1]	破产人欠缴的除前述规定以外的社会保险费用和破产人所欠税款	普通破产债权

2. 破产财产不足以清偿同一顺序的清偿要求的，按照比例分配。
3. 破产企业的董事、监事和高级管理人员的工资按照该企业职工的平均工资计算。

[法条链接]《企业破产法》第113、124条。

迷你案例

案情：萱草公司不能清偿到期债务，债权人 A 银行向法院申请破产清算。其抵押权人华泰公司在债权申报后即要求行使抵押权。

问题：华泰公司针对抵押物优先受偿的请求是否成立？（4分）

答案：不成立。（1分）为了保证债务人企业进入破产程序后，所有债权人都能够公平受偿，《企业破产法》第16条规定，人民法院受理破产申请后，债务人对个别债权人的债务清偿无效。因此，即使是抵押权人，在债务人企业被受理破产申请后，也应当申报债权，参加债权人会议。只有当债务人企业被宣告破产后，对特定财产享有担保权的权利人才享有优先受偿的权利。（2分）可知，抵押权人在债权申报后不可以要求行使抵押权，即使本案启动的是破产清算程序，针对抵押物优先受偿也应当在破产宣告之后进行。（1分）

考点 089 关联企业破产的实质合并审理

1. 适用前提

关联企业成员之间存在法人人格高度混同、区分各关联企业成员财产的成本过高、严重损害债权人公平清偿利益时，可适用关联企业实质合并破产方式进行审理。

2. 管辖原则

（1）采用实质合并方式审理关联企业破产案件的，应由关联企业中的核心控制企业住所地人民法院管辖。

（2）核心控制企业不明确的，由关联企业主要财产所在地人民法院管辖。多个法

---

[1] 包括：①破产人所欠职工的工资和医疗、伤残补助、抚恤费用；②破产人所欠的应当划入职工个人账户的基本养老保险、基本医疗保险费用；③法律、行政法规规定应当支付给职工的补偿金。

院之间对管辖权发生争议的，应当报请共同的上级人民法院指定管辖。

3. 法律后果

（1）人民法院裁定采用实质合并方式审理破产案件的，各关联企业成员之间的债权债务归于消灭，各成员的财产作为合并后统一的破产财产，由各成员的债权人在同一程序中按照法定顺序公平受偿。

（2）采用实质合并方式进行重整的，重整计划草案中应当制定统一的债权分类、债权调整和债权受偿方案。

（3）适用实质合并规则进行破产清算的，破产程序终结后各关联企业成员均应予以注销。适用实质合并规则进行和解或重整的，各关联企业原则上应当合并为一个企业。根据和解协议或重整计划，确有需要保持个别企业独立的，应当依照企业分立的有关规则单独处理。

[法条链接]《破产审判纪要》第32、35~37条。

迷你案例

案情：甲公司经营状况恶化，为了维持发展，甲公司经常从其全资子公司处抽调资金供自己使用，在其子公司资金发生紧缺时，就在其名下各个全资子公司之间相互抽取资金使用，致使甲公司与各个全资子公司财务账目混乱不清。甲公司欠庚公司与辛公司的债务到期后无法清偿，庚公司认为甲公司无法偿还债务，于是申请对甲公司及其全部全资子公司进行合并重整。

问1：庚公司是否可以申请对甲公司及其全部全资子公司合并重整？（5分）

答案：可以。（1分）

在关联企业成员之间存在法人人格高度混同、区分各关联企业成员财产的成本过高、严重损害债权人公平清偿利益时，可例外适用关联企业实质合并破产方式进行审理。（2分）

本案中，甲公司经常从其全资子公司处抽调资金供自己使用，全资子公司之间相互抽取资金使用，财务账目混乱不清。这表明，上述关联企业之间已经形成法人人格高度混同的关联关系。（2分）

所以，债权人庚公司可以申请对其进行合并重整。

问2：甲公司的合并重整，对之前的债权人有什么影响？（5分）

答案：各关联企业（甲公司和其子公司）的债权人在同一程序中按照法定顺序公平受偿。（1分）

根据《破产审判纪要》第36条的规定，人民法院裁定采用实质合并方式审理破产案件的，各关联企业成员之间的债权债务归于消灭，各成员的财产作为合并后统一的破产财产，由各成员的债权人在同一程序中按照法定顺序公平受偿。（2分）

所以本案中，甲公司合并重整的，甲公司和其子公司的财产作为合并后统一的破产财

产,甲公司债权人和其子公司的债权人在同一程序中按照法定顺序公平受偿。(2分)

考点090 关联企业破产的协调审理

1. 适用前提

多个关联企业成员均存在破产原因但不符合实质合并条件。

2. 管辖原则

人民法院可根据相关主体的申请对多个破产程序进行协调审理,并可根据程序协调的需要,综合考虑破产案件审理的效率、破产申请的先后顺序、成员负债规模大小、核心控制企业住所地等因素,由共同的上级法院确定一家法院集中管辖。

3. 法律后果

(1) 协调审理不消灭关联企业成员之间的债权债务关系,不对关联企业成员的财产进行合并,各关联企业成员的债权人仍以该企业成员财产为限依法获得清偿;

(2) 但关联企业成员之间不当利用关联关系形成的债权,应当劣后于其他普通债权顺序清偿,且该劣后债权人不得就其他关联企业成员提供的特定财产优先受偿。

[法条链接]《破产审判纪要》第38、39条。

12 破产法中的实体问题

考点 091 破产债权的申报

1. 破产债权，是指法院受理破产申请前成立的对债务人享有的债权。
2. 债权申报期限

（1）自法院发布受理破产申请公告之日起计算，最短不得少于30日，最长不得超过3个月。

（2）债权人未申报债权的，可以在破产财产最后分配前补充申报；但是，此前已进行的分配，不再对其补充分配。为审查和确认补充申报债权的费用，由补充申报人承担。

[法条链接]《企业破产法》第45条、第56条第1款。

3. 破产债权申报的范围

可申报的类型

（1）有担保的债权。
（2）未到期的债权。（未到期的债权，在破产申请受理时视为到期）
（3）附条件、附期限的债权和诉讼、仲裁未决的债权。
（4）附利息的债权自破产申请受理时起停止计息。破产申请受理前的利息，随本金一同申报。（破产止息）
（5）管理人对破产申请受理前成立而债务人和对方当事人均未履行完毕的合同决定解除的，对方当事人以因合同解除所产生的损害赔偿请求权申报债权。
（6）破产债务人是票据的出票人，被裁定适用《企业破产法》规定的程序，该票据的付款人继续付款或者承兑的，付款人由此产生的请求权申报债权。

[法条链接]《企业破产法》第46、47、51、53、55条。

不可申报的类型

（1）破产申请受理后，债务人欠缴款项产生的滞纳金，包括债务人未履行生效法律文书应当加倍支付的迟延利息和劳动保险金的滞纳金，不作为破产债权申报。
（2）罚金、罚款、违约金，不得申报。
（3）职工债权不必申报，由管理人调查后列出清单并予以公示。

职工债权，是指债务人所欠的职工的工资和医疗、伤残补助、抚恤费用，所欠的应当划入职工个人账户的基本养老保险、基本医疗保险费用，以及法律、行政法规规定应当支付给职工的补偿金。

[法条链接]《企业破产法》第48条第2款；《破产法解释（三）》第3条。

考点 092　共益债务的范围和清偿规则

1. 范围：法院受理破产申请后，为全体债权人的共同利益而管理、变价和分配破产财产而负担的债务。

具体包括：破产申请受理后发生的合同之债、侵权之债、无因管理之债、不当得利之债，为继续营业而发生的债务。

2. 清偿规则

（1）债务人财产足以清偿所有破产费用和共益债务的，二者的清偿不分先后，随时发生，随时清偿；

（2）债务人财产不足以清偿破产费用的，破产程序终结；

（3）债务人财产不足以清偿所有破产费用和共益债务的，应当优先清偿破产费用；

（4）债务人财产不足以清偿所有破产费用或共益债务的，按照比例清偿。

一招制敌 ➤ 可概括为：对外按顺序，对内按比例。

[法条链接]《企业破产法》第42、43条（共益债务）；《破产法解释（三）》第2条第1款（新借款，属于共益债务）。

[例] A公司2021年1月被受理破产，7月当地突发暴雨灾害。B公司做主替A公司将价值100万元的货物运到安全地带，B公司花费搬运费5万元。B公司避免了A公司其他债权人更大的损失。该项债务应当如何清偿？（该项无因管理产生的债务发生在A公司被受理破产之后，避免了A公司财产更大的损失，对现有A公司债权人均会产生益处，其性质为"共益债务"，应当随时清偿）

考点 093　保证债权的特殊规定 ★★★

考查角度 ➤ 判断保证人或债务人破产后，如何处理债权。本考点涉及民法担保规则和破产规则的结合，预计是近年民法综合案例分析题偏爱的素材。

（一）债务人破产，保证人正常

例如，A公司欠甲银行贷款100万元，B公司是该笔贷款的保证人。A公司被受理破产，其破产清偿率为10%，但B公司是正常经营的企业。

（主债务人-破产）
A公司
B公司 ← 甲银行（债权人）
（保证人-正常）

图1

（主债务人-破产）
A公司 ← 甲银行（债权人）
B公司 ←
（保证人-正常）

图2

重要规则为:

1. 债权人在破产程序中申报债权后又提起诉讼,请求担保人承担担保责任的,法院依法予以支持。

2. 法院受理债务人破产案件后,债权人请求担保人承担担保责任,担保人有权主张担保债务自法院受理破产申请之日起停止计息。

> **原理**
> 因为保证债权是从属债权,既然主债务人"破产止息",则保证债权也采用"破产止息"规则,自受理日起不再计算保证人的利息。

3. 破产人的保证人和其他连带债务人,在破产程序终结后,对债权人依照破产清算程序未受清偿的债权,依法继续承担清偿责任。

4. 担保人承担担保责任后,向和解协议或者重整计划执行完毕后的债务人追偿的,法院不予支持。

> **原理**
> 因为重整计划是经过利害关系人表决通过的,一旦依据协议执行完毕则后账勾销,后文"重整"将涉及。

(二)债务人正常,保证人破产

例如,A公司欠甲银行贷款100万元,B公司是该笔贷款的保证人。B公司被受理破产,其破产清偿率为10%,但A公司是正常经营的企业。

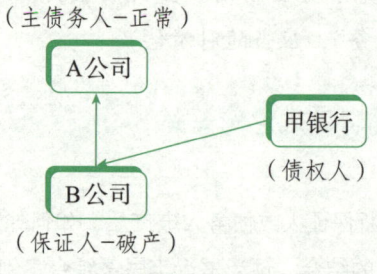

```
(主债务人-正常)
   A公司
     ↑
     |————— 甲银行
     |      (债权人)
   B公司
(保证人-破产)
```

B公司可向A公司求偿

重要规则为:

1. 主债务未到期的,保证债权在保证人破产申请受理时视为到期。(加速到期)

2. 保证人被裁定进入破产程序的,债权人有权申报其对保证人的保证债权。

3. 一般保证的保证人主张行使先诉抗辩权的,法院不予支持。

[法条链接]《破产法解释(三)》第4条第1、2款。

(三)债务人、保证人均破产

例如,A公司欠甲银行贷款100万元,B公司是该笔贷款的保证人。A、B公司均被受理破产,假设二者破产清偿率均为10%。

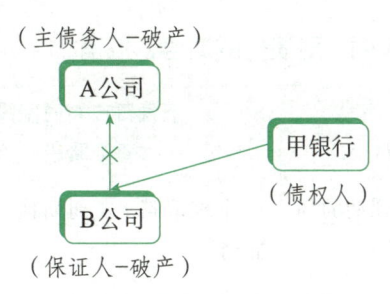

```
        （主债务人-破产）
              A公司
                ↑
              ╳ │
                │
              B公司 ←── 甲银行
                       （债权人）
        （保证人-破产）
         B公司不可向A公司申报
```

重要规则为：

1. 连带债务人数人被裁定适用破产程序的，其债权人有权就<u>全部债权分别在各破产案件中申报债权</u>。所以，债权人有权向债务人、保证人分别申报债权。

2. <u>保证人履行保证责任后不再享有求偿权</u>。

例如，当A、B公司均破产，现甲银行向A、B公司均申报100万元。

则：B公司清偿后不得向A公司追偿。

因为：B公司清偿甲银行10万元，如果允许B公司以10万元清偿额向A公司申报，则会产生A公司清偿2次的后果，即A公司清偿甲银行10万元，A公司清偿B公司1万元。

结论：保证人B公司破产，肯定不能全部代偿，只能是部分代偿，所以B公司清偿后不得向A公司追偿。

[法条链接]《企业破产法》第52条；《破产法解释（三）》第5条。

考点 094 关于债务人财产的权利：撤销权、抵销权

撤销权、抵销权制度，是为了维持破产前的合理秩序。当债务人被法院受理破产前，经营已经出现困境或者即将陷于无力偿债的情况，此时该企业恶意处分财产或者对个别债权人清偿，会导致企业财产难以保全，将损害其他债权人的利益。这有违《企业破产法》公平清偿和企业维持的合理预期。

从主观题考查角度来说，需要掌握不同时间段的清偿、抵销是否有效。

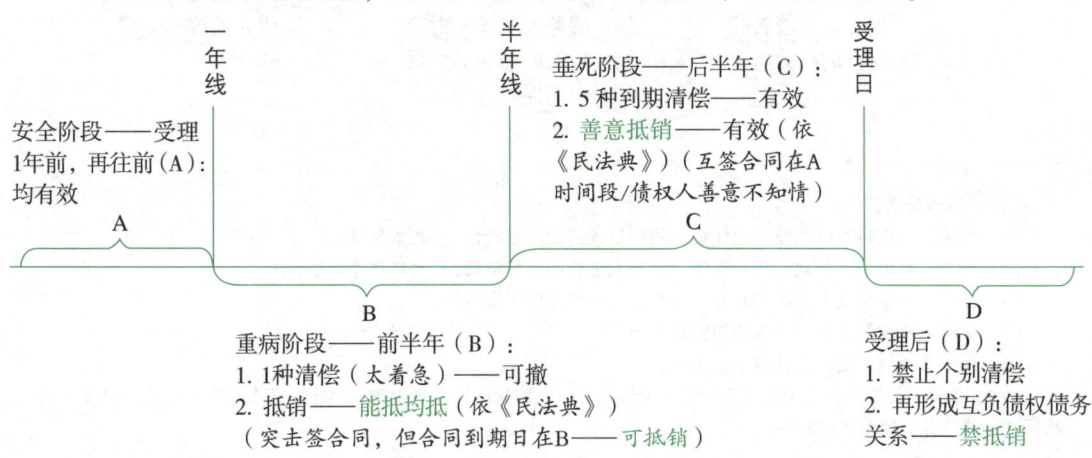

```
                        一              半              受
                        年              年              理
                        线              线              日
    安全阶段——受理                     垂死阶段——后半年（C）：
    1年前，再往前(A)：                  1. 5种到期清偿——有效
    均有效                              2. 善意抵销——有效（依
                                        《民法典》）（互签合同在A
                                        时间段/债权人善意不知情
    ├──────────┼──────────┼──────────┤
    A              B              C              D
                   重病阶段——前半年（B）：       受理后（D）：
                   1. 1种清偿（太着急）——可撤    1. 禁止个别清偿
                   2. 抵销 能抵均抵（依《民法典》）  2. 再形成互负债权债务
                   （突击签合同，但合同到期日在B——可抵销）  关系——禁抵销
```

（一）破产受理前 1 年内，对债务的清偿、抵销

	清偿日在 B 时间段（重病阶段）	清偿日在 C 时间段（垂死阶段）	清偿日在 D 时间段（破产受理后）
个别清偿债务	1. 个别清偿已经到期的债务→有效清偿。 2. 个别清偿未到期的债务： （1）债务到期日在破产受理日之后→清偿可撤销； （2）债务到期日在破产受理日之前→有效清偿。	1. 个别清偿+未到期债务→均可撤销。 2. 破产原因+个别清偿+到期债务： （1）原则：可撤销。 （2）例外：下列五种清偿有效，不可撤销：①优质债权；②法定清偿；③水电费；④工资；⑤人身损害赔偿金。[1]（均要求已经到期）	受理后，对债权人的个别清偿均无效。
恶意互负债权债务，分情况	互负债权债务的到期日在"半年线之前（B 段）"，均可以抵销。	互负债权债务的到期日在"半年线之后（C 段）"，即使符合《民法典》债权债务抵销规则，在破产受理之日起 3 个月内，管理人也可向法院提起诉讼，主张该抵销无效。	债务人的债务人（次债务人）在破产申请受理后取得他人对债务人的债权的，禁止抵销。

（二）其他

1. 破产受理前 1 年内，管理人均可撤销的情形

破产受理前 1 年内，涉及债务人财产的下列行为，管理人有权请求人民法院予以撤销：

01 债务人无偿转让财产的行为

02 债务人以明显不合理的价格进行交易的行为[2]

03 债务人对没有财产担保的债务提供财产担保的行为

04 债务人对未到期的债务提前清偿的行为

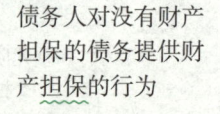

05 债务人放弃债权的行为

---

[1] 具体是指：
（1）债务人对以自有财产设定担保物权的债权进行的个别清偿；（优质债权）
（2）债务人经诉讼、仲裁、执行程序对债权人进行的个别清偿；（法定程序清偿）
（3）债务人为维系基本生产需要而支付水费、电费等的个别清偿；
（4）债务人支付劳动报酬、人身损害赔偿金；
（5）使债务人财产受益的其他个别清偿。

[2] 该交易撤销后，买卖双方应当依法返还从对方获取的财产或者价款。对于债务人应返还受让人已支付价款所产生的债务，列为共益债务。

2. 破产抵销权，仅能由"债权人"提出。管理人不得主动抵销债务人与债权人的互负债务，但抵销使债务人财产受益的除外。

3. 善意形成互负债权债务，可抵销。

"善意"，是指：

（1）对方因为法律规定或者有破产申请1年前所发生的原因而负担债务或取得债权；

（2）对方不明知债务人企业出现破产原因而负担债务或取得债权。

4. 股权和债权二者性质不同，禁止抵销。

一招制敌 一定要区分时间段。

○ B时间段，仅"太着急"的提前清偿可撤销，其他清偿均有效。

○ C时间段，牢记五种清偿有效：①优质债权；②法定清偿；③水电费；④工资；⑤人身损害赔偿金。

[法条链接]

○ 撤销权：《企业破产法》第31、32条；《破产法解释（二）》第12、14~16条；

○ 抵销权：《企业破产法》第40条；《破产法解释（二）》第44~46条。

考点 095 对未缴出资、非正常收入的处理（追回权）

追回权包括对出资的追回，以及对董事、监事、高级管理人员非正常收入的追回，追回的财产属于债务人财产。具体包括：

1. 法院受理破产申请后，债务人的出资人尚未完全履行出资义务的，管理人应当要求该出资人缴纳所认缴的出资，而不受出资期限的限制。

2. 出资人以违反出资义务已经超过诉讼时效为由抗辩的，法院不予支持。

3. 管理人主张公司的发起人和负有监督股东履行出资义务的董事、高级管理人员，或者协助抽逃出资的其他股东、董事、高级管理人员、实际控制人等，对股东违反出资义务或者抽逃出资承担相应责任，并将财产归入债务人财产的，法院应予支持。

4. 债务人的董事、监事和高级管理人员利用职权从企业获取的非正常收入和侵占的企业财产，管理人应当追回。

非正常收入，是指债务人出现破产原因时，其董事、监事和高级管理人员利用职权获取的以下收入：

（1）绩效奖金；

（2）普遍拖欠职工工资情况下获取的工资性收入；

（3）其他非正常收入。

```
非正常收入
├─ 前提
│   ├─ 董、监、高利用职权
│   └─ 债务人企业出现破产原因
└─ 类型
    ├─ 绩效奖金
    └─ 普遍拖欠职工工资情况下获取的工资性收入
        ├─ 高出该企业职工平均工资计算的部分 → 普通破产债权顺序清偿
        └─ 按照该企业职工平均工资计算的部分 → 职工工资顺序清偿
```

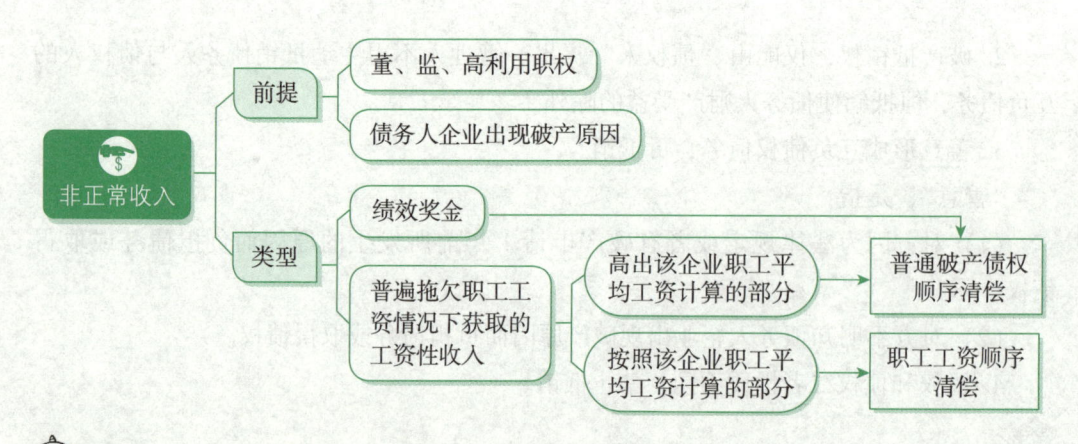

一招制敌 "先退后要":①高工资+奖金→普通破产债权顺序(最后顺序);②低平工资→工资清偿顺序(第一顺序)。

[法条链接]《企业破产法》第35、36条;《破产法解释(二)》第20条,第24条第1、3款。

迷你案例

1. 案情:殷某是萱草公司的股东,但拖欠出资款10万元。基于一份有效的购货协议,萱草公司尚欠殷某货款10万元。

问题:人民法院受理萱草公司破产申请后,殷某主张双方均无需清偿,是否符合法律规定?(3分)

答案:不符合。(1分)因为前者为"股权",不受出资期限和诉讼时效的影响,殷某应向萱草公司管理人支付10万元。但后者性质为"债权",殷某向萱草公司申报债权10万元,萱草公司按照破产清偿率(如10%),仅需向殷某支付1万元。所以,股权和债权二者性质不同,不可相互抵销。(2分)

2. 案情:2020年6月,萱草公司被法院受理破产。管理人查明财务经理栗子自2020年1月起,每月自公司领取奖金4万元。

问题:就栗子所领取的奖金,管理人应如何处理?(3分)

答案:管理人应向栗子请求返还所获取的收入,且可以通过起诉方式来予以追回。(1分)根据《企业破产法》第36条的规定,债务人的董事、监事和高级管理人员利用职权从企业获取的非正常收入和侵占的企业财产,管理人应当追回。(1分)本案中,在萱草公司被受理破产前半年,公司已经出现破产原因情形时,财务经理栗子所领取的奖金明显属于利用职权获取的非正常收入,管理人应当追回。(1分)

考点 096 对债务人占有的他人财产的处理(权利人的取回权)

从主观题的角度出发,需要掌握下列规则:

1. 受理破产申请后，债务人基于仓储、保管、承揽、代销、借用、寄存、租赁等合同或者其他法律关系占有、使用的他人财产。这些财产不属于债务人财产，权利人应当向管理人主张取回权。

2. 上述占有的他人财产，债务人违法转让给第三人的处理：

（违法转让时间）　A　受理日　B
　　　　　　　　←——————┊——————→
　　　　　　均为破产债权　　　均为共益债务

违法转让的处理	受理前转让	无权处分发生在破产申请受理之前（A 时间段）： （1）第三人善意取得：原权利人因财产损失形成的债权，作为普通破产债权清偿； （2）第三人未善意取得：因第三人已支付对价而产生的债务，作为普通破产债权清偿。
	受理后转让	无权处分发生在破产申请受理之后（B 时间段）： （1）第三人善意取得：因管理人或者相关人员执行职务导致原权利人损害产生的债务，作为共益债务清偿； （2）第三人未善意取得：因第三人已支付对价而产生的债务，作为共益债务清偿。
占有物毁损、灭失	受理前毁损、灭失	财产毁损、灭失发生在破产申请受理前的，权利人因财产损失形成的债权，作为普通破产债权清偿。
	受理后毁损、灭失	财产毁损、灭失发生在破产申请受理后的，因管理人或者相关人员执行职务导致权利人损害产生的债务，作为共益债务清偿。

一招制敌

- 受理前违法转让、毁损灭失赔偿——破产债权。
- 受理后违法转让、毁损灭失赔偿——共益债务。

[法条链接]《破产法解释（二）》第30、31条，第32条第2款。

[例] 萱草公司是 A 公司的货物保管人，萱草公司 2020 年 1 月被受理破产。2020 年 6 月，萱草公司管理人将保管的 A 公司的一批货物出售给 C 公司。该案应当如何处理？

要区分情况处理：

情形 1：C 公司符合善意取得，则 C 公司取得货物的所有权。A 公司的损失作为共益债务得到清偿。

情形 2：C 公司不符合善意取得，则 A 公司可以取回货物。C 公司的价款损失，可作为共益债务。

考点 097 基于所有权保留买卖协议的取回权

1. 所有权保留买卖协议，是指当事人可以在买卖合同中约定买受人未履行支付价款或者其他义务的，标的物的所有权属于出卖人。

2. 在签订了所有权保留买卖条款的合同中，标的物所有权未依法转移给买受人前，一方当事人破产的，该买卖合同属于双方均未履行完毕的合同，管理人有权依据对债务人企业利益最大化原则，决定解除或者继续履行合同。

[法条链接]《破产法解释（二）》第34条。

迷你案例

案情：萱草公司被法院受理破产。管理人查明，萱草公司一批100万元的办公设备购买自甲公司，双方签订的所有权保留买卖合同约定，设备分三期付款，并约定萱草公司未履行完价款总额75%的，电脑等办公设备所有权归甲公司。萱草公司付完首付款20%后，其余款项一直拖欠，经催告后在合理期限内仍未支付。

问题：萱草公司被受理破产后，它和甲公司所签订的所有权保留买卖合同如何处理？（5分）

答案：该类合同定性为"双方均未履行完毕的合同"，决定权归破产管理人，管理人要分情况处理。（1分）

[情形1] 萱草公司管理人决定继续履行所有权保留买卖合同的，管理人应当及时向甲公司支付价款或者履行其他义务。若管理人无正当理由未及时支付价款等，甲公司可主张取回标的物。（2分）

[情形2] 萱草公司管理人决定解除所有权保留买卖合同的，甲公司可主张取回买卖标的物，但应归还萱草公司所付价款。（2分）

> 有的人，极少数，
> 如同天际之星，沿着固定的轨迹运行。
> 没有风能动摇他，他内心自有律法和轨道。
>
> 致奋进中的你

第 3 讲 票据法

考情分析

票据法在主观题中出现频率不高（到2024年为止共考过2次：2006、2019年），一般是在与民法、民诉法结合的综合试题中出现。

考查角度	考查年份/次数	考点概述
公司涉及票据纠纷	2006年/1次	票据的出票规则、背书规则、保证规则、承兑和付款的具体规则。
	2019年（票据质押）/1次	和民法结合，可考查民事合同效力瑕疵对票据的影响，票据质押，票据保证（保证的设定、和民事担保的区别）。

13 票据与民法、民事诉讼程序的结合 ★★

> **考查角度**
> 1. 和民法结合，可考查民事合同效力瑕疵对票据的影响（无因性、票据对人抗辩理由）、票据质押、票据保证（票据保证的设定、和民事担保的区别）。
> 2. 和民诉法结合，可考查公示催告、票据诉讼。

考点 098 票据"无因性"原理的适用

1. 票据具有无因性（无因证券），是指票据权利人在行使票据权利时，无须证明给付原因（民事合同），权利人享有票据权利以持有有效票据为必要。

2. 《票据法》第10条同时规定，票据的签发、取得和转让，应当遵循诚实信用的原则，具有真实的交易关系和债权债务关系。票据的取得，必须给付对价，即应当给付票据双方当事人认可的相对应的代价。

3. 票据原因关系只存在于授受票据的直接当事人之间，票据一经转让，对通过背书受让该票据的持票人，以原因关系违法进行抗辩的，法院不予支持。（详见"票据抗辩"）

例如，A和B签订买卖合同，A是买受人，B是出卖人。A向B签发10万元汇票为该笔货物付款。B和C签订一购销合同，B是买受人，C是出卖人，现B将A出票的该10万元汇票背书转让给C作为付款。若A和B之间的购销合同无效，A不得以该理由抗辩C，也就是不得以A、B之间的原因关系瑕疵为由拒绝向C支付票据金额。

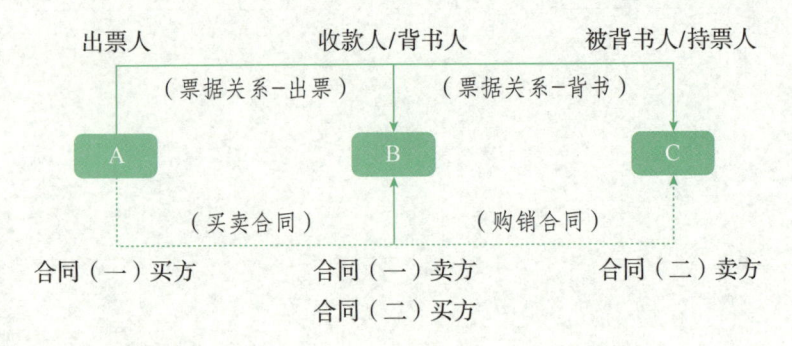

```
 出票人            收款人/背书人         被背书人/持票人
         (票据关系-出票)     (票据关系-背书)
   ┌─────┐           ┌─────┐            ┌─────┐
   │  A  │           │  B  │            │  C  │
   └─────┘           └─────┘            └─────┘
         (买卖合同)          (购销合同)
 合同（一）买方      合同（一）卖方       合同（二）卖方
                    合同（二）买方
```

[法条链接]《票据法》第10、13条。

考点 099 票据对人抗辩（可以民事违约为由行使的票据抗辩）

票据抗辩可分为"对物的抗辩"和"对人的抗辩"两类。（对物抗辩，主观题可忽略）

对人的抗辩，是指因票据债务人和特定的票据权利人之间存在一定关系而发生的抗辩。该类抗辩理由中，票据是合法的，抗辩的理由来源于当事人之间的个人因素。

对人抗辩规则具体包括：

1. 票据债务人可以对不履行约定义务的与自己有直接债权债务关系的持票人，进行抗辩。

2. 票据债务人不得以自己与出票人或者与持票人的前手之间的抗辩事由，对抗持票人。（抗辩被切断）

3. 但是，持票人明知存在上述第二种情形的抗辩事由而取得票据的，票据债务人可以对抗该知情的持票人。（抗辩可延续）

4. 因税收、继承、赠与可以依法无偿取得票据的，不受给付对价的限制。但是，所享有的票据权利不得优于其（直接）前手的权利。（抗辩可延续）

[图例] 前提：A 出票给 B，B 不交付货物给 A（B 违约）。

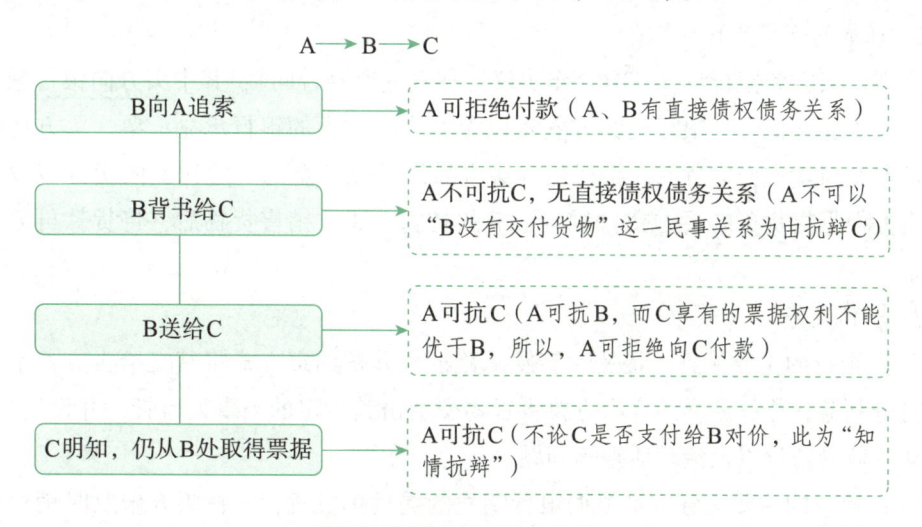

A → B → C

B 向 A 追索	A 可拒绝付款（A、B 有直接债权债务关系）
B 背书给 C	A 不可抗 C，无直接债权债务关系（A 不可以"B 没有交付货物"这一民事关系为由抗辩 C）
B 送给 C	A 可抗 C（A 可抗 B，而 C 享有的票据权利不能优于 B，所以，A 可拒绝向 C 付款）
C 明知，仍从 B 处取得票据	A 可抗 C（不论 C 是否支付给 B 对价，此为"知情抗辩"）

票据抗辩的限制（对人抗辩）

一招制敌 牢记"直接当事人"之间，才可用合同违约的理由，主张对票据抗辩。

[法条链接]《票据法》第 11 条第 1 款，第 13 条第 1、2 款。

迷你案例

案情：萱草公司为支付货款向楚一公司开具一张金额为 20 万元的银行承兑汇票，付款银行为甲银行。萱草公司收到楚一公司货物后发现有质量问题，立即通知甲银行停止付款。另外，楚一公司尚欠甲银行贷款 30 万元未清偿。

问 1：甲银行以楚一公司尚欠其贷款未还为由拒绝付款，能否得到法院支持？（3 分）

答案：能。（1 分）甲银行可以楚一公司是不履行约定义务（欠贷未还）的、与自己有直接债权债务关系的持票人为由进行抗辩。（2 分）

问 2：萱草公司是否有权以货物质量瑕疵为由请求甲银行停止付款？（3 分）

答案：不能。（1 分）根据《票据法》第 13 条第 2 款的规定，票据债务人可以对不履行约定义务的与自己有直接债权债务关系的持票人，进行抗辩。（1 分）本案中，萱草公司的通知内容是"萱草公司-楚一公司"之间的合同纠纷，但抗辩情形发生在"萱草公司-甲银行"之间，由于二者并无直接债权债务关系，因此该通知对甲银行没有约束力。（1 分）

考点 100 保兑仓交易

1. 概念

保兑仓交易作为一种新类型融资担保方式，其基本交易模式是，以银行信用为载体、以银行承兑汇票为结算工具、由银行控制货权、卖方（或者仓储方）受托保管货物并以承兑汇票与保证金之间的差额作为担保。

2. 基本的交易流程

卖方、买方和银行订立三方合作协议（保兑仓交易合同），其中买方向银行缴存一定比例的承兑保证金，银行向买方签发以卖方为收款人的银行承兑汇票，买方将银行承兑汇票交付卖方作为货款，银行根据买方缴纳的保证金的一定比例向卖方签发提货单，卖方根据提货单向买方交付对应金额的货物，买方销售货物后，将货款再缴存为保证金。

3. 权利义务

（1）银行的主要义务，是及时签发承兑汇票并按约定方式将其交给卖方；银行为保障自身利益，往往还会约定卖方要将货物交给由其指定的当事人监管，并设定质押，从而涉及监管协议以及流动质押等问题。

（2）卖方的主要义务，是根据银行签发的提货单发货，并在买方未及时销售或者回赎货物时，就保证金与承兑汇票之间的差额部分承担责任。

（3）买方的主要义务，是在销售货物后，将货款再缴存为保证金。

只要不违反法律、行政法规的效力性强制性规定，这些约定应当认定有效。

4. 无真实贸易背景的保兑仓交易

（1）保兑仓交易以买卖双方有真实买卖关系为前提。

（2）双方无真实买卖关系的，该交易属于名为保兑仓交易实为借款合同，保兑仓交易因构成虚伪意思表示而无效；被隐藏的借款合同是当事人的真实意思表示，如不存在其他合同无效情形，应当认定有效。

（3）保兑仓交易认定为借款合同关系的，不影响卖方和银行之间担保关系的效力，卖方仍应当承担担保责任。

［法条链接］《九民纪要》第68、69点。

考点 101 票据丧失的公示催告程序

票据丧失，失票人的补救措施包括挂失止付、公示催告、提起诉讼。

1. 当票据被盗、遗失或者灭失，失票人可以向票据支付地的基层法院申请公示催告。

2. 公示催告期间，对票据权利的限制

（1）公示催告期间，由法院根据情况决定但不得少于60日。

（2）公示催告期间，转让票据权利的行为无效。

（3）公示催告期间，以公示催告的票据质押，因质押而接受该票据的持票人主张票据权利的，不予支持。但公示催告期间届满以后法院作出除权判决以前取得该票据的除外。

3. 支付人收到法院停止支付的通知，应当停止支付至公示催告程序终结。

4. 法院作出除权判决，宣告票据无效。

14 票据行为（票据记载事项）★★★

> **考查角度**
> 1. 考查各类票据行为的具体规则，出票、背书是常考点。
> 2. 票据试题主观题均集中于票据行为，和上文涉及民法的知识点结合紧密，但均为记忆类型考点，难度较低。

汇票的票据行为包括：出票、背书、保证、承兑和付款。

考点 102 出票规则

出票，是指出票人签发票据并交付给收款人的票据行为。

出票规则包括：

1. 汇票出票时必须记载下列事项：①表明"汇票"的字样；②出票日期；③出票人签章、付款人名称、收款人名称；④无条件支付的委托。汇票上未记载规定事项之一的，汇票无效。

2. 出票时必须记载确定的金额；票据金额以中文大写和数码同时记载，二者必须一致，二者不一致的，票据无效。

例如，A 公司基于买卖合同出具一张 10 万元汇票给 B 公司，A 公司出票时注明"验货合格才付款"，这构成"有条件支付"，会导致该票据无效。因为票据权利应当和民事权利相分离，出票时要设定独立的、不依附于民事合同的"票据权利"。

3. 出票人记载"不得转让"字样，处理为：

（1）票据是有效票据。

（2）出票人记载"不得转让"字样的，汇票不得转让。票据持有人背书转让的，背书行为无效。

（3）背书转让后的受让人不得享有票据权利，票据的出票人、承兑人对受让人不承担票据责任。理论上，此种转让只是一般指名债权的转让。

[图例]

```
出票人A  ──有效背书──▶  收款人B  ──无效背书──▶  被背书人C
   │                      │                      │
   ▼                      ▼                      ▼
禁转字样              有票据权利              无票据权利
```

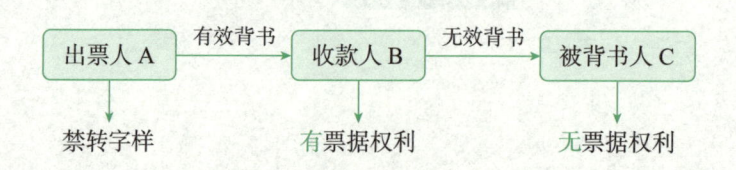

一招制敌 出票绝对记载：出票日三人无钱。出票人记载的禁止文句，对全体后手均有约束性。

[法条链接]《票据法》第 8、22 条（记载事项），第 27 条第 2 款（禁转字样）；《票据规定》第 47 条。

考点 103 背书规则

背书，是指在票据背面或者粘单上记载有关事项并签章的票据行为。通过"背书"，持票人可以将汇票权利转让给他人或者将一定的汇票权利授予他人行使。背书规则包括：

1. 以背书转让的汇票，背书应当连续。持票人以背书的连续，证明其汇票权利。

背书连续，是指在票据转让中，转让汇票的背书人与受让汇票的被背书人在汇票上的签章依次前后衔接。

2. 附条件背书

附条件背书，是指背书人在票据背书时附有民事合同的条件。

（1）背书不得附有条件。背书时附有条件的，所附条件不具有汇票上的效力。

（2）附条件背书是违反票据法的行为，但票据有效。

例如，A 出具票据给 B，B 背书转让票据给 C 时，记载"验货合格（此为民事条件）则承担票据责任"。该票据仍然有效，但此句话等于没写。

[法条链接]《票据法》第 33 条第 1 款（附条件背书）。

3. 禁转背书

禁转背书，是指背书人在汇票上记载"不得转让"字样。规则为：

（1）其后手再背书转让的，原背书人对后手的被背书人不承担保证责任；

（2）但不影响出票人、承兑人以及原背书人之前手的票据责任。

[法条链接]《票据法》第 34 条；《票据规定》第 50 条。

[图例]

出票人 A → 收款人 B（第一背书人） ──有效背书→ 第二背书人 C ──有效背书→ 持票人 D
　　　　　　　↓　　　　　　　　　　　　　　↓　　　　　　　　　　　↓
　　　　　　禁转字样　　　　　　　　　　有票据权利　　　　　　有票据权利

4. 期后背书

期后背书，是指汇票被拒绝承兑、被拒绝付款或者超过付款提示期限后，仍然将该票据背书转让给后手。

（1）出现上述情形的，不得背书转让。

（2）在上述情形下背书转让的，背书人应当承担汇票责任。被背书人以背书人为被告行使追索权而提起诉讼的，法院应当依法受理。

例如，A出具票据给B，B背书转让给C，C到期被付款人拒绝付款，然后C基于买卖关系将该票据背书转让给D。则C、D之间的法律关系为"期后背书"，D也被付款人拒付，行使追索权时，仅C对D承担票据责任，免除了A和B的票据责任。即"期后背书，谁背书谁担责"。

[法条链接]《票据法》第36条；《票据规定》第3条。

5. 回头背书

（1）持票人为出票人的，对其前手无追索权；

（2）持票人为背书人的，对其后手无追索权。

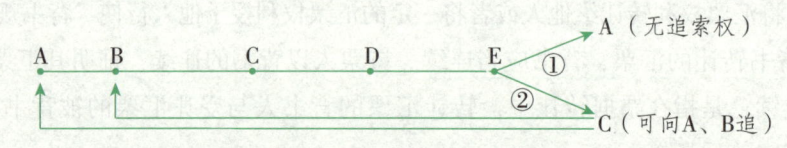

回头背书（《票据法》第69条）

图中①表示：E和A签订一份购销合同，E用以付款的汇票恰好是A出票。所以A有两重身份：出票人+持票人。此时，A无追索权。

图中②表示：E和C签订一份购销合同，E用以付款的汇票是C背书给D，D又背书给E，现在E再次背书给C。所以C有两重身份：背书人+持票人。此时，C可以向A和B行使追索权，但C不可向D和E追索。

[法条链接]《票据法》第69条。

考点 104 票据质押

1. 汇票可以设定质押；质押时应当以背书记载"质押"字样。被背书人依法实现其质权时，可以行使汇票权利。

2. 以汇票设定质押时，出质人在汇票上只记载了"质押"字样未在票据上签章的，或者出质人未在汇票、粘单上记载"质押"字样而另行签订质押合同、质押条款的，不构成票据质押。

3. 出票人在票据上记载"不得转让"字样，其后手以此票据进行质押的，通过质押取得票据的持票人主张票据权利的，法院不予支持。

4. 背书人记载"质押"字样。

| 定性 | 因票据质权人（后手）以质押票据再行背书质押引起纠纷而提起诉讼的，法院应当认定背书行为无效。 |
| 处理 | 原背书人对后手的被背书人不承担票据责任。但不影响出票人、承兑人以及原背书人之前手的票据责任。 |

5. 公示催告期间，以公示催告的票据质押，因质押而接受该票据的持票人主张票据权利的，不予支持，但公示催告期间届满以后法院作出除权判决以前取得该票据的除外。

一招制敌 质押设立：字样+签章。

[法条链接]《票据法》第35条第2款（质押设定）；《票据规定》第33条（公示催告期间禁止质押），第46、50、52、54条。

迷你案例

案情：甲公司因为经营困境，将其持有的一张票据质押给债权人王某融资，但该票据有出票人A公司记载"禁止转让"字样。（改编自2020年主观题）

问题：通过质押取得票据的王某能否主张票据权利？为什么？（3分）

答案：不能。（1分）出票人已经在汇票上记载"禁止转让"，所以收款人甲公司将该张汇票再行质押是无效的。（2分）

考点 105 保证规则

票据保证，是指票据债务人以外的第三人，担保特定的票据债务人能够履行票据债务的票据行为。保证人对合法取得汇票的持票人所享有的汇票权利，承担保证责任。

1. 保证人必须在汇票或者粘单上记载下列事项：

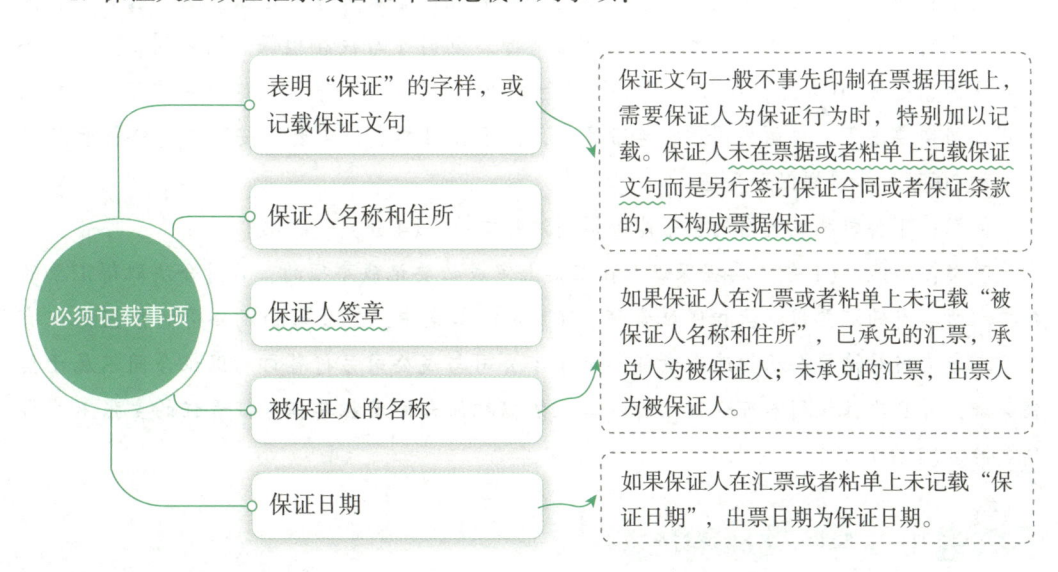

必须记载事项：
- 表明"保证"的字样，或记载保证文句
- 保证人名称和住所
- 保证人签章
- 被保证人的名称
- 保证日期

保证文句一般不事先印制在票据用纸上，需要保证人为保证行为时，特别加以记载。保证人未在票据或者粘单上记载保证文句而是另行签订保证合同或者保证条款的，不构成票据保证。

如果保证人在汇票或者粘单上未记载"被保证人名称和住所"，已承兑的汇票，承兑人为被保证人；未承兑的汇票，出票人为被保证人。

如果保证人在汇票或者粘单上未记载"保证日期"，出票日期为保证日期。

一招制敌 保证设定："字样+签章"。

2. 票据保证不得附有条件

（1）保证附有条件，是违反票据法的行为，该条件视为无记载；

（2）但该张票据有效，票据保证行为有效。

例如，保证人记载"验货合格（此为民事条件）则承担保证责任"。该票据有效，但此句话等于没写。

3. 票据保证的法律效力

| 票据保证人的责任是独立责任。 | 票据保证人的责任是连带责任。 | 保证人为2人以上的，保证人之间承担连带责任。 | 票据保证人清偿汇票债务后，可以行使持票人对被保证人及其前手的追索权。 |

- 其指保证人对合法取得汇票的持票人所享有的汇票权利，承担保证责任。但是，被保证人的债务因汇票记载事项欠缺而无效的除外。
- 票据保证人不享有一般保证中保证人的催告抗辩权或者先诉抗辩权。

[法条链接]《票据法》第45~52条。

迷你案例

案情：甲公司与乙公司交易中获面额为100万元的汇票一张，出票人为乙公司，付款人为丙银行，汇票上有丁、戊两公司的担保签章。同时丁与戊在担保合同中明确，由丁公司担保票据金额80万元，戊公司担保票据金额20万元。后丙银行拒绝承兑该汇票，持票人甲公司遂要求丁、戊两公司承担连带责任，但丁公司和戊公司要求按照合同分别承担80万元和20万元的票据保证责任。

问题：丁公司和戊公司的主张能否得到法院支持？（4分）

答案：不能。（1分）票据保证人在汇票上完成必要记载事项的，其对合法取得汇票的持票人所享有的汇票权利承担保证责任。（1分）本案中，丁公司和戊公司的票据保证有效，二者应当对持票人承担连带责任。至于丁公司与戊公司另行签订的保证合同不属于票据保证，并且票据权利不可分割，所以二人依据担保合同承担票据保证责任的主张不能得到支持。（2分）

考点 106 票据承兑、付款规则

1. 承兑

（1）付款人承兑汇票，不得附有条件。承兑附有条件的，视为拒绝承兑。

例如，承兑时记载"验货合格后承兑"，此为附加民事合同的条件，后果是拒绝承兑。

（2）付款人承兑汇票后，应当承担到期付款的责任。

2. 付款

（1）付款人及其代理付款人以恶意或者有重大过失付款的，应当自行承担责任；

（2）付款人在到期日前付款的，由付款人自行承担所产生的责任。

例如，汇票持票人C公司在汇票到期后请求承兑人乙公司付款，乙公司明知该汇票的出票人A公司已被法院宣告破产，但乙公司已经承兑，仍应当承担付款责任。乙公司付款后可以向出票人A公司的破产管理人申报破产债权。

[法条链接]《票据法》第43、44条（承兑），第57条第2款，第58条（付款）。

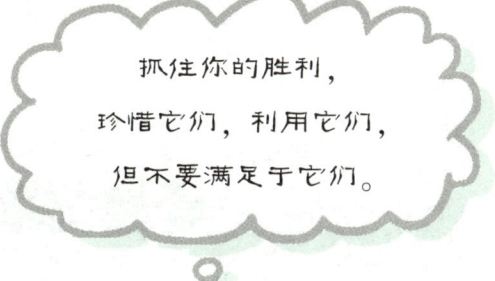

第4讲 LECTURE 04

其他部门法

15 《证券法》

> **考查角度** » 目前《证券法》尚未在主观题中出现过。案情可设计为：A股份有限公司符合《证券法》的规定，其股票在证券交易所上市交易。对A上市公司在交易中出现的各种违法情形的处理。

考点 107 对交易主体和交易行为的限制

（一）对交易主体的限制

1. 持有上市公司5%以上股份的股东、董事、监事、高级管理人员，将其持有的该公司的股票或者证券在买入后6个月内卖出，或者在卖出后6个月内又买入，由此所得收益归该公司所有。

2. 公司公开发行股份前已发行的股份，自公司股票上市交易之日起1年内不得转让。

3. 董事、监事、高级管理人员所持本公司股份自公司股票上市交易之日起1年内不得转让。

4. 对其他主体的限制。（略）

[法条链接]《证券法》第 44 条第 1 款（对 5%股东的限制）；《公司法》第 160 条第 1、2 款（对原始股东、董、监、高的限制）。

（二）禁止的交易行为

从事下列禁止性行为，给投资者造成损失的，应当依法承担赔偿责任：

1. 禁止内幕交易

（1）内幕信息，是指证券交易活动中，涉及发行人的经营、财务或者对该发行人证券的市场价格有重大影响的尚未公开的信息，如公司合并重整、重大投资、订立重要合同、提供重大担保或者从事关联交易等；

（2）内幕信息的知情人（包括非法获取内幕信息的人），在内幕信息公开前，不得买卖该公司的证券，或者泄露该信息，或者建议他人买卖该证券；

（3）内幕信息的知情人和非法获取内幕信息的人利用未公开的内幕信息从事证券交易活动，给投资者造成损失的，应当依法承担赔偿责任。

2. 禁止任何人操纵证券市场。

3. 禁止任何单位和个人编造、传播虚假信息或者误导性信息。

4. 传播媒介及其从事证券市场信息报道的工作人员不得从事与其工作职责发生利益冲突的证券买卖。

5. 其他。（略）

[法条链接]《证券法》第 52 条，第 53 条第 1、3 款，第 55 条，第 56 条第 1、3、4 款。

考点 108　虚假信息披露的法律责任

信息披露义务人，包括发行人及法律、行政法规和国务院证券监督管理机构规定的其他信息披露义务人。

根据《证券法》的规定，信息披露义务人未按照规定披露信息，或者信息披露资料存在虚假记载、误导性陈述或者重大遗漏，致使投资者在证券交易中遭受损失的：

1. 信息披露义务人应当承担赔偿责任。

2. 发行人的控股股东、实际控制人、董事、监事、高级管理人员和其他直接责任人员，应当与发行人承担连带赔偿责任，但是能够证明自己没有过错的除外。

3. 发行人的保荐人、承销的证券公司及其直接责任人员，应当与发行人承担连带赔偿责任，但是能够证明自己没有过错的除外。

4. 证券服务机构（即制作、出具审计报告及其他鉴证报告、资产评估报告、财务顾问报告、资信评级报告或者法律意见书等文件的机构）制作、出具的文件有虚假记载、误导性陈述或者重大遗漏，给他人造成损失的，应当与委托人承担连带赔偿责任，但是能够证明自己没有过错的除外。

提示 不包含服务机构的直接责任人员。

[法条链接]《证券法》第85、163条。

考点 109 投资者因证券欺诈受到损失的救济途径★★

1. 非诉讼解决方式

（1）投资者与发行人、证券公司等发生纠纷的，双方可以向投资者保护机构申请调解；

（2）投资者保护机构可以受委托就赔偿事宜与受到损失的投资者达成协议，予以先行赔付；

（3）投资者保护机构先行赔付后，可以依法向发行人以及其他连带责任人追偿。

[法条链接]《证券法》第93条、第94条第1款。

2. 一般代表人诉讼。（略）

3. 特别代表诉讼

（1）投资者保护机构受50名以上投资者委托，可以作为代表人参加诉讼；

（2）投资者采用"默示进入，明示退出"机制。（其指经证券登记结算机构确认的权利人，该诉讼结果对其有效，只有明确表示不愿意参加该诉讼的投资者才被排除在外）

[法条链接]《证券法》第95条第3款。

迷你案例

案情：经证监会认定，上市公司K药业集团连续3年实施系统性财务造假，约300亿元，涉案金额巨大，严重损害了投资者的合法权益。据估计，本案原告人数可能达到数万人，索赔规模或达数亿元。中证投服中心（投资者保护机构）准备就该案适用特别代表诉讼程序提起诉讼。

问1：中证投服中心要满足什么条件才可以提起特别代表诉讼？（2分）

答案：中证投服中心至少要征求到50名符合条件的权利人的委托，才可以作为代表人参加诉讼。（2分）

问2：若本案已经适用特别代表诉讼程序，对于没有明确表示是否参加该诉讼的投资者，诉讼结果是否对其具有法律效力？（3分）

答案：具有法律效力。（1分）《证券法》第95条第3款规定了证券欺诈纠纷中的特别代表诉讼程序，采用"默示进入，明示退出"机制，只要投资者没有明确表示不愿意参加该诉讼，诉讼结果就对符合条件的投资者具有法律效力。（2分）

16 公司涉及财产保险纠纷 ★

> **考查角度》》**
> 1.《保险法》仅在 2017 年民法主观题中出现过一问，考查概率低，所以本书只选取了财产保险中的常见纠纷，未涉及人身保险。
> 2.《保险法》出现独立主观题的可能性几乎没有，如果考查该法，题目设计基本为在一个以公司为主体的案情中，有一问涉及公司发生财产保险事故的处理。

考点 110 标的危险变化的处理（危险增加或降低）

1. 保险标的危险程度显著增加

（1）被保险人应当及时通知保险人，保险人可以按照合同约定增加保险费或者解除合同；保险人解除合同的，应当将已收取的保险费（扣除应收的部分后），退还投保人。

（2）被保险人未履行前述规定的通知义务的，因保险标的的危险程度显著增加而发生的保险事故，保险人不承担赔偿保险金的责任。

2. 保险标的危险程度明显减少（或保险价值明显减少）

除合同另有约定外，保险人应当降低保险费，并按日计算退还相应的保险费。

3. 因保险标的转让导致危险程度显著增加

（1）保险人自收到保险标的转让的通知之日起 30 日内，可以按照合同约定增加保险费或者解除合同；

（2）保险人解除合同的，应当将已收取的保险费（扣除应收的部分后），退还投保人；

（3）被保险人、受让人未履行通知义务的，因转让导致保险标的的危险程度显著增加而发生的保险事故，保险人不承担赔偿保险金的责任。

[法条链接]《保险法》第 49 条第 3、4 款，第 52、53 条。

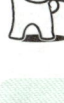

考点 111 第三者造成的财产保险事故的处理（代位求偿权）

代位求偿权制度，是为了解决第三者造成的财产保险事故，《保险法》第 60 条第 1 款规定："因第三者对保险标的的损害而造成保险事故的，保险人自向被保险人赔偿保险金之日起，在赔偿金额范围内代位行使被保险人对第三者请求赔偿的权利。"这就是财产保险中特有的"代位求偿权"制度。

1. 保险人可以主张代位行使"被保险人因第三者侵权或者违约等享有的请求赔偿的权利"。

2. 代位求偿权的诉讼规则

（1）保险人自向被保险人赔偿保险金之日起，在赔偿金额范围内代位行使被保险人对第三者请求赔偿的权利；

（2）保险人应以自己的名义行使保险代位求偿权；

（3）保险人代位求偿权的诉讼时效期间应自其取得代位求偿权之日起算；

（4）保险人提起代位求偿权之诉的，以被保险人与第三者之间的法律关系确定管辖法院。

[法条链接]《保险法》第60条第1款；《最高人民法院关于适用〈中华人民共和国保险法〉若干问题的解释（四）》第7、12、13条。

[例] 栗子已经向平安保险公司投保车险。现栗子驾驶途中被李某驾驶车辆追尾，李某负事故全责。事故发生地为甲市A区，该被保险车辆登记地为甲市B区，李某的住所地为乙市C区。平安保险公司向栗子赔偿保险金后，向李某提起代位求偿权诉讼。本案哪些法院有管辖权？（甲市A区法院和乙市C区法院有管辖权。因为栗子和李某之间是侵权法律关系，管辖法院的确定是侵权行为发生地或被告住所地。）

> 你永远截不断河流，你可以建水坝，但是河流并没有被截断，只是在等待。
>
> 致奋进中的你

17 合伙企业相关的纠纷

考查角度 尚未出现过以一道独立试题的形式考查本专题，但在2022年商法主观题中，合伙企业作为案情出现。合伙企业作为一类重要的商主体，尤其是"有限合伙企业"目前在实务中的数量和影响都很大，应当在备考时对其加以关注。

考点 112 合伙人 ★

1. 无民事行为能力人和限制民事行为能力人不能成为普通合伙人。

2. 国有独资公司、国有企业、上市公司以及公益性的事业单位、社会团体不得成为普通合伙人（但可成为有限合伙人）。

3. 出资方式：普通合伙人可以用货币、实物、知识产权、土地使用权或者其他财产权利出资，也可以用劳务出资。但是，有限合伙人不得以劳务出资。（其余和普通合伙企业相同）

一招制敌 能否以劳务出资、特定类型企业能否成为合伙人是常考点。

[法条链接]《合伙企业法》第3条、第14条第1项、第16条第1款（出资方式）、第64条第2款。

考点 113 入伙、退伙

1. 普通合伙人

（1）入伙时，除合伙协议另有约定外，应当经全体合伙人一致同意，并依法订立书面入伙协议；

（2）入伙时，原合伙人应当向新合伙人如实告知原合伙企业的经营状况和财务状况；

（3）新入伙的普通合伙人对入伙前合伙企业的债务承担无限连带责任；

（4）退伙时，普通合伙人对基于其退伙前的原因发生的合伙企业债务，承担无限连带责任。

[法条链接]《合伙企业法》第43条（普通合伙人入伙）、第44条第2款、第53条（普通合伙人退伙）。

2. 有限合伙人

（1）入伙时，新入伙的有限合伙人对入伙前有限合伙企业的债务，以其认缴的出资额为限承担责任；（其余与普通合伙人相同）

（2）退伙时，有限合伙人以其退伙时从有限合伙企业中取回的财产承担责任。（其他与普通合伙人相同）

[法条链接]《合伙企业法》第77条（有限合伙人入伙债务清偿）。

3. 合伙人转换，对企业债务的清偿

（1）有限合伙人转变为普通合伙人的，对其作为有限合伙人期间有限合伙企业发生的债务承担无限连带责任；（轻→重，都承担）

（2）普通合伙人转变为有限合伙人的，对其作为普通合伙人期间合伙企业发生的债务承担无限连带责任。（重→轻，分段担）

迷你案例

案情：甲企业是一家普通合伙企业，现有3名普通合伙人。因企业经营状况不佳，2021年初找到投资方于某，订立入伙协议时，原合伙人未如实告知甲企业的经营状况和财务状况，并且于某未经仔细调查便签订了合伙协议，并办理了工商变更登记。入伙后于某经过查账得知甲企业实际经营不善，于是提出撤销入伙协议，但其他合伙人均不同意。

问题：若撤销入伙协议，于某是否对入伙前甲企业的债务承担责任？（4分）

答案：要清偿。（1分）根据《民法典》第148条的规定，一方以欺诈手段，使对方在违背真实意思的情况下实施的民事法律行为，受欺诈方有权请求人民法院或者仲裁机构予以撤销。（1分）本案中，因于某受到欺诈，其有权主张撤销入伙协议，但这是合伙人内部关系，有过错的一方应当赔偿对方（于某）由此所受到的损失。但是，当对外办理了合伙人变更登记，已经对债权人产生了"公示公信"的效力，所以，于某仍需要对入伙前合伙企业的债务承担无限连带责任。（2分）

考点 114 普通合伙企业的事务执行

1. 合伙协议未约定或者约定不明确的，下列事项应当经全体合伙人一致同意：

- 01 ▶ 改变合伙企业的名称
- 02 ▶ 改变合伙企业的经营范围、主要经营场所的地点
- 03 ▶ 处分合伙企业的不动产
- 04 ▶ 转让或者处分合伙企业的知识产权和其他财产权利
- 05 ▶ 以合伙企业名义为他人提供担保
- 06 ▶ 聘任合伙人以外的人担任合伙企业的经营管理人员

一招制敌 改名改地改范围，卖房换人去担保。

[法条链接]《合伙企业法》第 31 条。

2. 合伙企业对合伙人执行合伙事务以及对外代表合伙企业权利的限制，不得对抗善意第三人。

[法条链接]《合伙企业法》第 37 条。

3. 执行人对外代表合伙企业

（1）确定了执行人的，其他合伙人不再执行合伙事务；

（2）非执行人以企业名义签订的合同有效；

（3）非执行人有权监督执行事务合伙人执行合伙事务的情况。

[法条链接]《合伙企业法》第 27 条。

迷你案例

案情：甲、乙、丙三人共同设立一家普通合伙企业，甲以 A、B 两栋房屋出资，两房屋均已经交付合伙企业使用，其中 A 房屋已经办理过户登记，B 房屋未办理过户手续。之后甲将 A、B 两栋房屋卖给了吴某并告知其上述情况。企业经营中，事务执行人丙以合伙企业名义将 A、B 两栋房屋都进行了抵押，向银行办理贷款，所得款项用于合伙企业的日常经营。但该抵押事项未经合伙人会议讨论。

问 1：吴某能否取得 A 房屋和 B 房屋的所有权？（5 分）

答案：吴某不能取得 A 房屋的所有权，但能取得 B 房屋的所有权。（1 分）

A 房屋已经办理过户登记属于合伙企业的财产。根据《合伙企业法》第 31 条第 3 项的规定，处分合伙企业的不动产，除合伙协议另有约定外，应当经全体合伙人一致同意。（1 分）本题甲擅自将属于合伙企业的 A 房屋转让，属于无权处分，所以第三人需要符合善意取得条件。由于吴某对 A 房屋已经办理过户登记是知情的，不可认定其为善意第三人，故不能取得 A 房屋所有权。（2 分）

B 房屋未办理过户登记，其所有权仍属于合伙人甲。甲处分属于自己的财产，并非"无权处分"，第三人当然能取得该房屋的所有权。（1 分）

问 2：丙的抵押行为是否有效？（3 分）

答案：有效。（1 分）根据《合伙企业法》第 31 条第 5 项的规定，需要经全体合伙人一致同意的事项包括"以合伙企业名义为他人提供担保"。（1 分）本案中，丙以企业资产设置抵押的目的是为"企业自己"，而非他人，故丙的抵押行为有效。（1 分）

考点 115 有限合伙企业的事务执行

1. 有限合伙人不执行合伙事务，不得对外代表有限合伙企业。（由普通合伙人执行合伙事务）

2. 第三人有理由相信有限合伙人为普通合伙人并与其交易的，该有限合伙人对该

笔交易承担与普通合伙人同样的责任。（表见普通合伙）

3. 有限合伙人未经授权以有限合伙企业名义与他人进行交易，给有限合伙企业或者其他合伙人造成损失的，该有限合伙人应当承担赔偿责任。

[法条链接]《合伙企业法》第68条第1款、第76条。

考点 116　特殊普通合伙企业的债务清偿

首先，以合伙企业财产承担。即，合伙人执业活动中因故意或者重大过失造成的合伙企业债务，以合伙企业财产对外承担责任后，该合伙人应当按照合伙协议的约定对给合伙企业造成的损失承担赔偿责任。（此为内部责任，非对债权人的责任）

其次，合伙企业财产不足清偿的债务部分，合伙人按照下列规则承担责任：

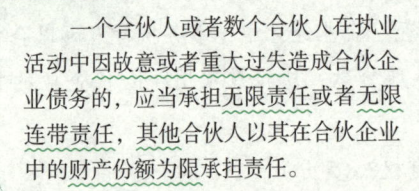

规则1
一个合伙人或者数个合伙人在执业活动中因故意或者重大过失造成合伙企业债务的，应当承担无限责任或者无限连带责任，其他合伙人以其在合伙企业中的财产份额为限承担责任。

规则2
合伙人在执业活动中非因故意或者重大过失造成的合伙企业债务以及合伙企业的其他债务，由全体合伙人承担无限连带责任。（此和一般普通合伙企业完全相同）

[法条链接]《合伙企业法》第57、58条（特殊普合债务清偿）。

> 日出之美，
> 在于它脱胎自最深的黑暗。

致奋进中的你

18 公司涉及市场规制纠纷（垄断、不正当竞争行为）

考查角度》本专题尚未在主观题中出现，但有一定的考查概率。公司作为市场经济的主体，其在实务中常会涉及是否构成垄断、不正当竞争行为，经营行为是否侵犯了消费者权利。

1. 对行为的定性。例如，判断某一市场行为是否构成垄断行为、是否构成不正当竞争行为，以及构成何种垄断行为。

2. 对行为的处理，包括违法行为的行政法律责任、民事法律责任、公益诉讼等。

考点 117 经营者的垄断行为 ★★

经营者的垄断行为包括垄断协议、滥用市场支配地位、经营者集中。（从主观题和"公司"结合考查的角度出发，本书仅限于"经营者的垄断行为"，不包括行政机关的排除限制竞争行为）

（一）垄断协议

1. 具有竞争关系的经营者达成的关于固定商品价格、分割市场的协议，构成横向垄断协议。

2. 经营者与交易相对人达成的关于限价的协议，构成纵向垄断协议。

3. 经营者不得组织其他经营者达成垄断协议或者为其他经营者达成垄断协议提供实质性帮助。（轴辐协议）

4. 豁免条款。经营者达成的下列协议，不构成垄断行为：

豁免条款
1. 为改进技术、研究开发新产品的
2. 为提高产品质量、降低成本、增进效率，统一产品规格、标准或者实行专业化分工的
3. 为提高中小经营者经营效率，增强中小经营者竞争力的
4. 为实现节约能源、保护环境、救灾救助等社会公共利益的
5. 因经济不景气，为缓解销售量严重下降或者生产明显过剩的
6. 为保障对外贸易和对外经济合作中的正当利益的
7. 法律和国务院规定的其他情形

一招制敌 考虑经营者的目的是否正当。如果经营者是为公共利益达成的合意或者一致行动，则不构成垄断行为。

[法条链接]《反垄断法》第17条、第18条第1款、第19条、第20条第1款。

迷你案例

案情：2012年12月底，茅台酒厂（上游厂家）要求茅台经销商（下游销售商）向第三人转售53度飞天茅台的团购价不能低于1400元/瓶。

问题：茅台酒厂的行为是否合法？应当如何处理？（3分）

答案：不合法（1分），茅台酒厂的行为构成垄断协议（或答：构成纵向垄断）。因为销售商可根据自己的利润空间自行决定"对外转售价格"，联合定价违背市场规律。（1分）

就该种行为，应当由反垄断执法机构责令茅台酒厂停止违法行为，没收违法所得，并处上一年度销售额1%以上10%以下的罚款。（1分）

（二）滥用市场支配地位

1. 具有市场支配地位的经营者从事下列行为，构成滥用市场支配地位：

滥用支配地位的行为

1. 以不公平的高价销售商品或者以不公平的低价购买商品
2. 没有正当理由，以低于成本的价格销售商品
3. 没有正当理由，拒绝与交易相对人进行交易
4. 没有正当理由，限定交易相对人只能与其进行交易或者只能与其指定的经营者进行交易
5. 没有正当理由搭售商品，或者在交易时附加其他不合理的交易条件
6. 没有正当理由，对条件相同的交易相对人在交易价格等交易条件上实行差别待遇，如互联网平台的"大数据杀熟"
7. 国务院反垄断执法机构认定的其他滥用市场支配地位的行为

2. 具有市场支配地位的经营者不得利用数据和算法、技术以及平台规则等从事前述滥用市场支配地位的行为。

3. 相关市场，是指经营者在一定时期内就特定商品或者服务进行竞争的商品范围和地域范围，如腾讯QQ软件的相关市场是"即时通讯"市场。

一招制敌 判断标准：是否具有"控制力"。

[法条链接]《反垄断法》第22条第1、2款。

（三）其他垄断行为（略）

[例] 阿里巴巴集团对平台内商家提出"二选一"的要求，禁止平台内商家在其他竞争性平台开店或参加促销活动，并借助市场力量、平台规则和数据、算法等技术

手段,采取多种奖惩措施以保障"二选一"要求的执行,维持、增强自身市场力量,获取不正当竞争优势。

(1) 该案的相关市场如何界定?(本案相关市场为中国境内网络零售平台服务市场)

(2) 对于阿里巴巴集团对平台内商家提出"二选一"要求的行为,应当如何定性?(阿里巴巴集团的行为构成滥用市场支配地位,即"没有正当理由,限定交易相对人只能与其进行交易或者只能与其指定的经营者进行交易")

(3) 对上述行为,市场监督管理总局可以作出哪些行政处罚?[市场监督管理总局可以责令阿里巴巴集团停止违法行为,没收违法所得并处罚款(或具体写明:并处上一年度销售额1%以上10%以下的罚款)]

考点 118 经营者的不正当竞争行为 ★★

(一)混淆行为

经营者的下列行为,构成混淆行为:

1. 擅自使用与他人有一定影响的商品名称、包装、装潢等相同或者近似的标识。此为"商品名混淆"。

2. 擅自使用他人有一定影响的企业名称(包括简称、字号、在中国境内进行商业使用的境外企业名称等)、社会组织名称(包括简称等)、姓名(包括笔名、艺名、译名等)。此为"企业名混淆"。

3. 擅自使用他人有一定影响的域名主体部分、网站名称、网页等。

4. 其他足以引人误认为是他人商品或者与他人存在特定联系的混淆行为。

一招制敌 判断标准:是否与他人商品或者与他人存在特定联系。

[法条链接]《反不正当竞争法》第6条;《最高人民法院关于适用〈中华人民共和国反不正当竞争法〉若干问题的解释》第9条第1款。

(二)互联网不正当竞争行为

经营者的下列行为,构成互联网不正当竞争的行为:

1. 流量劫持,即未经其他经营者同意,在其合法提供的网络产品或者服务中,插入链接、强制进行目标跳转。

2. 强制卸载,即事前未明确提示并经用户同意,以误导、欺骗、强迫用户修改、关闭、卸载等方式,恶意干扰或者破坏其他经营者合法提供的网络产品或者服务。例如,用户安装的"3721网络实名"软件,无提示也不经用户同意直接卸载用户安装的"百度IE搜索伴侣"。

3. 恶意不兼容,即恶意对其他经营者合法提供的网络产品或者服务实施不兼容。例如,用户安装的奇虎公司"360安全卫士",将阻碍安装"金山网盾"。

4. 其他妨碍、破坏其他经营者合法提供的网络产品或者服务正常运行的行为。

[法条链接]《反不正当竞争法》第12条第2款；《最高人民法院关于适用〈中华人民共和国反不正当竞争法〉若干问题的解释》第22条。

（三）其他不正当竞争行为（略）

一招制敌 判断标准：该行为是否符合"自愿、平等、公平、诚信的原则"，是否遵守法律和商业道德。

[法条链接]《反不正当竞争法》第2条第1款。

迷你案例

案情："长河青旅"是"长河市中国青年旅行社"的简称，经过多年使用和宣传，已享有较高市场知名度。若干年后，长河市另一旅游公司"国青国际旅行社"也使用"长河青旅"的简称，进行宣传推广。

问题：国青国际旅行社认为两个公司的工商登记名称完全不同，自己是合法使用。该理由是否正确？（3分）

答案：不正确。（1分）足以引人误认为是他人商品或者与他人存在特定联系，构成混淆行为。（1分）本案中，虽然"长河青旅"是简称，但经长河市中国青年旅行社的长期使用，已经具备一定的影响力。所以，国青国际旅行社擅自使用会引人误认为二者存在特定联系的名称，根据《反不正当竞争法》第6条第4项的规定，构成不正当竞争行为中的混淆行为。（1分）

> 莫愁千里路，自有到来风。

致奋进中的你

19 公司（用人单位）和劳动者的纠纷

> **考查角度**
> 1. 在遥远的司考年代，民事诉讼法的试题中考查了一次拖欠劳动者工资的处理问题。
> 2. 劳动合同在订立和履行环节可能出现的纠纷，特别是解除劳动合同理由是否合法、用人单位是否应该支付解约补偿金，是需要关注的重点。

考点 119 劳动合同的订立环节（未签订书面劳动合同的纠纷）

"已建立劳动关系，但未签订书面劳动合同"时，依据"时间+主体"处理。

时间点1 自用工之日起1个月内

用人单位	未签书面劳动合同的，不用承担不利后果。
劳动者	经用人单位书面通知后，不与用人单位订立书面劳动合同的，用人单位应当书面通知劳动者终止劳动关系。

时间点2 自用工之日起超过1个月不满1年

用人单位	（1）未与劳动者订立书面劳动合同的，应当向劳动者每月支付2倍的工资，并与劳动者补订书面劳动合同； （2）上述用人单位向劳动者每月支付2倍工资的起算时间为用工之日起满1个月的次日，截止时间为补订书面劳动合同的前一日。
劳动者	不与用人单位订立书面劳动合同的，用人单位应当书面通知劳动者终止劳动关系，并依照规定支付经济补偿。

时间点3 自用工之日起满1年

用人单位	（1）未与劳动者订立书面劳动合同的，自用工之日起满1个月的次日至满1年的前一日应当依照规定向劳动者每月支付2倍的工资； （2）并视为自用工之日起满1年的当日已经与劳动者订立无固定期限劳动合同，应当立即与劳动者补订书面劳动合同。
劳动者	不与用人单位订立书面劳动合同的，用人单位不得终止劳动关系。

[法条链接]《劳动合同法》第 82 条第 1 款;《劳动合同法实施条例》第 5~7 条。

考点 120 劳动合同的履行环节（劳动合同的特殊条款）

（一）试用期条款

为防止用人单位滥用试用期规定，《劳动合同法》对试用期进行了限定。要点包括：

1. 同一用人单位与同一劳动者只能约定一次试用期。

2. 试用期包含在劳动合同期限内。劳动合同仅约定试用期的，试用期不成立，该期限为劳动合同期限。

3. 试用期的期限

劳动合同期限	不满3个月的	3个月以上不满1年的	1年以上不满3年的	3年以上固定期限和无固定期限的
	不得约定试用期	不得超过1个月	不得超过2个月	不得超过6个月

4. 试用期间的工资（≥80%且≥最低工资）

（1）劳动者在试用期的工资不得低于本单位相同岗位最低档工资或者劳动合同约定工资的 80%；

（2）并不得低于用人单位所在地的最低工资标准。

（二）其他特殊条款或协议

1. 保密条款，是指用人单位与劳动者可以在劳动合同中约定保守用人单位的商业秘密和与知识产权相关的保密事项。

2. 竞业限制条款，是指特定的劳动者在解除、终止劳动合同后的一定期限内，不得到与本单位生产或者经营同类产品、从事同类业务的有竞争关系的其他用人单位，或者不得自己开业生产或者经营同类产品、从事同类业务。

3. 服务期条款，是指用人单位为劳动者提供专项培训费用，对其进行专业技术培训的，可以与该劳动者订立协议，约定服务期。

4. 违约金条款

《劳动合同法》明确规定只有在两种情形下，劳动者在违约时应当承担违约金，也即不允许用人单位任意约定由劳动者承担违约金：

劳动者违反服务期约定的	应当按照约定向用人单位支付违约金
劳动者违反竞业限制约定的	应当按照约定向用人单位支付违约金

[法条链接]《劳动合同法》第19、20条，第22条第1、2款，第23条，第24条第1款，第25条。

迷你案例

案情：2013年7月，张某进入甲公司，签订了2年期劳动合同。2014年10月，张某被选派到美国ABB公司进行专业技术培训，培训费15万元，由甲公司支付，并签订了回单位后服务期为3年的合同。2015年4月，张某回到甲公司。现张某和甲公司在约定的服务期内发生纠纷。

问1：甲公司未为出国培训员工缴纳社会保险费，张某提出辞职的，是否需要支付违约金？（3分）

答案：无需支付违约金。（1分）用人单位和职工必须参加社保，缴纳社会保险费是用人单位的义务，若用人单位违反该义务，那么即使在服务期内，劳动者也可随时提出解除劳动合同。（1分）故本案中，劳动合同的解除是劳动者的权利，张某无需支付违约金。（1分）

问2：甲公司以张某连续旷工超过15天，严重违反规章制度为由解除劳动合同的，张某是否需要支付违约金？（3分）

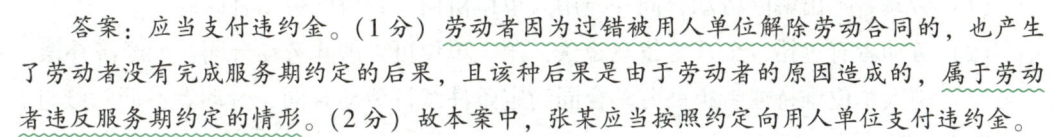

答案：应当支付违约金。（1分）劳动者因为过错被用人单位解除劳动合同的，也产生了劳动者没有完成服务期约定的后果，且该种后果是由于劳动者的原因造成的，属于劳动者违反服务期约定的情形。（2分）故本案中，张某应当按照约定向用人单位支付违约金。

考点 121 劳动合同的解除环节

（一）劳动合同解除理由

1. 劳动者有下列情形之一的，用人单位可以解除劳动合同：

（1）在试用期间被证明不符合录用条件的；

（2）严重违反劳动纪律或者用人单位规章制度的；

（3）严重失职，营私舞弊，对用人单位利益造成重大损害的；

（4）被依法追究刑事责任的。

[法条链接]《劳动法》第25条。

2. 用人单位裁员

裁员时，应当优先留用下列人员：

（1）与本单位订立较长期限的固定期限劳动合同的；

（2）与本单位订立无固定期限劳动合同的；

（3）家庭无其他就业人员，有需要扶养的老人或者未成年人的。

[法条链接]《劳动合同法》第41条第2款。

3. 对特殊劳动者，原则上不得解除劳动合同

劳动者有下列情形之一的，原则上用人单位不得解除劳动合同：

（1）患职业病或者因工负伤并被确认丧失或者部分丧失劳动能力的；

（2）患病或者负伤，在规定的医疗期内的；

（3）女职工在孕期、产期、哺乳期内的。

但是，上述劳动者出现"用人单位可及时解除劳动合同"情形（即试用期间被证明不符合录用条件的；严重违反劳动纪律或用人单位规章制度的；严重失职，营私舞弊，对用人单位利益造成重大损害的；被依法追究刑事责任的）的，用人单位可及时解除劳动合同。

[法条链接]《劳动法》第25、29条。

（二）解除劳动合同的经济补偿

1. 经济补偿，是指当劳动合同依法解除或终止时，用人单位需要支付给劳动者一定数额的金钱。

2. 无需支付经济补偿的情形

出现下列情形之一的，当劳动合同解除或终止时，用人单位无需支付经济补偿：

（1）劳动者提出解除劳动合同并与用人单位协商一致解除劳动合同的。

（2）劳动者有过错，如严重违规违法，用人单位可以解除劳动合同，无经济补偿。

（3）用人单位维持或者提高劳动合同约定条件续订劳动合同，劳动者不同意续订，终止固定期限劳动合同的。

（4）公益性岗位。其劳动合同不适用支付经济补偿的规定，即该种劳动合同解除或者终止时，用人单位无需支付经济补偿金。

20 公司涉及专利的纠纷

考查角度》 知识产权部分仅在 2005 年案例分析题中和《公司法》结合考查过。随着知识产权在实务中越来越重要，公司涉及知识产权纠纷可预见地越来越多，所以本书增加了"公司涉及专利的纠纷"这一专题。

1. 判断是否构成侵犯发明专利权；专利侵权的诉讼规则。（因为发明是最重要的专利，所以本专题仅介绍侵犯发明专利权的相关规则）

2. 著作权侵权、商标侵权纠纷因为在主观题中考查概率很小，本书不再介绍。

专利侵权行为，是指在专利权有效期限内，任何单位或者个人未经专利权人许可又无法律依据，以营利为目的实施他人专利的行为。（无合同依据，无特别许可，均为侵权）

考点 122 侵犯专利权的行为

发明和实用新型专利权被授予后，除《专利法》另有规定的以外，任何单位或者个人未经专利权人许可，都不得实施其专利，即不得为生产经营目的制造、使用、许诺销售、销售、进口其专利产品，或者使用其专利方法以及使用、许诺销售、销售、进口依照该专利方法直接获得的产品。

外观设计专利权被授予后，任何单位或者个人未经专利权人许可，都不得实施其专利，即不得为生产经营目的制造、许诺销售、销售、进口其外观设计专利产品。

考点 123 不构成侵犯专利权的行为

1. 在专利侵权纠纷中，被控侵权人有证据证明其实施的技术或者设计属于现有技术或者现有设计的，不构成侵犯专利权。（现有技术抗辩）

2. 专利产品或者依照专利方法直接获得的产品，由专利权人或者经其许可的单位、个人售出后，使用、许诺销售、销售、进口该产品的，不视为侵犯专利权。（专利耗尽原则）

3. 在专利申请日前已经制造相同产品、使用相同方法或者已经作好制造、使用的必要准备，并且仅在原有范围内继续制造、使用的，不视为侵犯专利权。（先用权原则）

"原有范围"，包括专利申请日前已有的生产规模以及利用已有的生产设备或者根据已有的生产准备可以达到的生产规模。

4. 专为科学研究和实验而使用有关专利的，不视为侵犯专利权。（非商业使用原则）

5. 其他情形。（略）

[法条链接]《专利法》第67条（现有技术抗辩）、第75条（其他不构成侵权）。

迷你案例

案情：甲、乙两公司各自独立发明了相同的节水型洗衣机。甲公司于2013年6月申请发明专利权，专利局于2014年12月公布其申请文件，并于2015年12月授予发明专利权。乙公司于2013年5月开始销售该种洗衣机。另查，本领域技术人员通过拆解分析该洗衣机，即可了解其节水的全部技术特征。丙公司于2014年12月看到甲公司的申请文件后，立即开始制造并销售相同的洗衣机。2016年1月，甲公司起诉乙、丙两公司侵犯其发明专利权。现查明，乙公司仅在原有制造能力范围内继续制造，并未扩大生产销售规模。

问1：乙公司是否构成侵犯甲公司专利权？（3分）

答案：不构成。（1分）《专利法》第75条第2项规定了"先用权原则"（1分），乙公司在甲公司的专利申请日之前就已制造相同的洗衣机并且仅在原有范围内继续制造、使用的，不构成侵权（1分）。

问2：丙公司若用"现有技术抗辩"，则应当提出哪些证据？（5分）

答案：《专利法》第67条规定："在专利侵权纠纷中，被控侵权人有证据证明其实施的技术或者设计属于现有技术或者现有设计的，不构成侵犯专利权。"现有技术，是指一项在专利申请日前已有的单独的技术方案，或者该领域普通技术人员认为是已有技术的显而易见的简单组合而成的技术方案。（1分）

本案中，丙公司若采用"现有技术抗辩"，则应证明：①乙公司于2013年5月开始销售，乙的该项技术"本领域技术人员通过拆解分析该洗衣机，即可了解"；（2分）②甲公司获得发明专利权是在2015年12月，也就是在甲被授权之前，已经存在该节能洗衣机的技术。以上事实即可证明甲的技术属于"现有技术"，丙公司不构成侵犯甲的专利权。（2分）

考点124 构成专利侵权的诉讼问题

1. 被许可人的诉讼地位

分类	概念	诉讼地位
独占许可	在合同约定的时间和地域范围内，知识产权权利人（许可人）只授权一家被许可人使用其智力成果，许可人和其他任何第三人均不享有使用权。	被许可人可以单独起诉侵犯知识产权的行为。

续表

分　类	概　　念	诉讼地位
排他许可	在合同约定的时间和地域范围内，知识产权权利人（许可人）授权一家被许可人使用其智力成果，许可人保留对该智力成果的使用权，但任何其他第三人均不享有使用权。	被许可人在知识产权权利人不起诉的情况下，可以代位起诉，也可以共同起诉。
普通许可	在合同约定的时间和地域范围内，知识产权权利人（许可人）授权多家被许可人使用其智力成果，且许可人自己也保留对该智力成果的使用权。	（1）原则上，被许可人不享有起诉权；（2）但是，被许可人和权利人在许可合同中明确约定被许可人可以单独起诉，或者经权利人书面授权单独提起诉讼的，法院应当受理。

2. 举证责任

专利侵权纠纷涉及新产品制造方法的发明专利的，制造同样产品的单位或者个人应当提供其产品制造方法不同于专利方法的证明。

3. 其他规则。（略）

爱你所爱，行你所行；
听从你心，无问西东。

致奋进中的你

声　明　1. 版权所有，侵权必究。

　　　　2. 如有缺页、倒装问题，由出版社负责退换。

图书在版编目（CIP）数据

主观题考点清单. 商法 / 鄢梦萱编著. -- 北京 : 中国政法大学出版社, 2025. 4. -- ISBN 978-7-5764-2014-2

Ⅰ. D920.4

中国国家版本馆CIP数据核字第2025JF3456号

出　版　者	中国政法大学出版社	
地　　　址	北京市海淀区西土城路25号	
邮寄地址	北京100088 信箱8034 分箱　邮编100088	
网　　　址	http://www.cuplpress.com（网络实名：中国政法大学出版社）	
电　　　话	010-58908285(总编室) 58908433（编辑部）58908334(邮购部)	
承　　　印	河北翔驰润达印务有限公司	
开　　　本	787mm×1092mm　1/16	
印　　　张	9.25	
字　　　数	225千字	
版　　　次	2025年4月第1版	
印　　　次	2025年4月第1次印刷	
定　　　价	53.00元	

厚大法考（成都）2025 年主观题面授教学计划

班次名称		授课时间	标准学费（元）	阶段优惠(元)		配套资料
				5.10 前	7.10 前	
大成系列	主观集训班	7.9~10.8	28800	19800　①一对一精批讲解；②班主任一对一督学。	20800	本班配套图书+课堂内部讲义
	主观特训班	8.15~10.8	22800	16800　①一对一精批讲解；②班主任一对一督学。	17800	
	主观短训班	9.1~10.8	18800	11800	12800	
冲刺系列	首战告捷班	9.15~10.8	17800	9800	10800	课堂内部讲义
	首战告捷 VIP 班	9.15~10.8	17800	①协议班次，无优惠，订立合同；②一对一批阅；③若 2025 年主观题考试未通过，退 10000 元。		
	主观接力班	9.20~10.8	13800	6800	7800	
	主观接力 VIP 班	9.20~10.8	13800	①协议班次，无优惠；②一对一批阅，订立合同。		
	主观点睛冲刺班	10.1~10.8	6800	4080	4580	

各阶段优惠政策： ①多人报名可在优惠价格基础上再享团报优惠（协议班次除外）：3 人（含）以上报名，每人优惠 200 元；5 人（含）以上报名，每人优惠 300 元；8 人（含）以上报名，每人优惠 500 元。②厚大面授老学员报名再享 9 折优惠（协议班次除外）。

【成都分校地址】 四川省成都市成华区锦绣大道 5547 号梦魔方广场 1 栋 1318 室　咨询热线：028-83533213

厚大法考（郑州）2025 年二战主观题教学计划

班次名称		授课时间	标准学费（元）	授课方式	阶段优惠(元)		配套资料
					5.10 前	7.10 前	
大成系列	主观培优 A 班	6.10~10.8	16800	视频+面授	协议班次，无优惠。一对一批改服务，班班督学。2025 年主观题考试未通过，退 10000 元。		配备本班次配套图书及随堂内部资料
	主观培优 B 班	6.10~10.8	16800	视频+面授	10800	11300	
	主观集训 A 班	7.9~10.8	14800	视频+面授	协议班次，无优惠。一对一批改服务，班班督学。2025 年主观题考试未通过，退 9000 元。		
	主观集训 B 班	7.9~10.8	14800	视频+面授	9800	10300	
冲刺系列	主观特训班	8.20~10.8	11800	视频+面授	7800	8300	
	主观接力 VIP 班	9.20~10.8	13800	面授	一对一精批讲解，班班督学、班级群打卡、魔鬼训练。2025 年主观题考试未通过，退 10000 元。		
	主观接力班	9.20~10.8	10800	面授	6800	7300	

各阶段优惠政策： ①2 人（含）以上团报，每人优惠 200 元；3 人（含）以上团报，每人优惠 300 元。②厚大老学员在阶段优惠基础上打 9 折，不再适用团报优惠政策。③协议班次、VIP 班次无优惠，不适用以上政策。

【郑州分校地址】 河南省郑州市龙湖镇（南大学城）泰山路与 107 国道交叉口向东 50 米路南厚大教学　咨询电话：李老师 19939507026

| 厚大法考APP | 厚大法考官微 | 厚大法考官博 | 成都厚大法考官微 | QQ 群：712764709 | 郑州厚大官博 | 郑州厚大官微 |

PS： 课程时间根据 2025 年司法部公布的主观题考试时间相应调整。

2025年主观小案例三百题

专攻主观 有效突破

厚大网授

◎ 高效刷题

◎ 电子题库

◎ 稳步提分

◎ 详细解析

- ✦ 提高案情阅读剖析理解能力,训练主观作答思维逻辑;
- ✦ 熟悉出题设问的考查角度,掌握技巧规范答题;
- ✦ 强化理解重要考点,精准定位主观采分要点;
- ✦ 法言法语积累,提高作答的书面表达能力,多拿分!

- 考点案例
- 分析答题
- 考点点拨
- 答案解析

2025年主观题精选

小案例300题

赠送电子题库

预售 上新价49元 刷题备考 必不可少

扫码下单
了解详情

· 单独购买纸质版小案例图书 ·
也可以开通配套电子题库,在线刷题